GUSTAVE
LE MAUVAIS SUJET

I

1

ŒUVRES ILLUSTRÉES

DE

PAUL DE KOCK

GUSTAVE

LE MAUVAIS SUJET

I

PARIS

JULES ROUFF ET Cᵉ, ÉDITEURS

CLOITRE-SAINT-HONORÉ

—

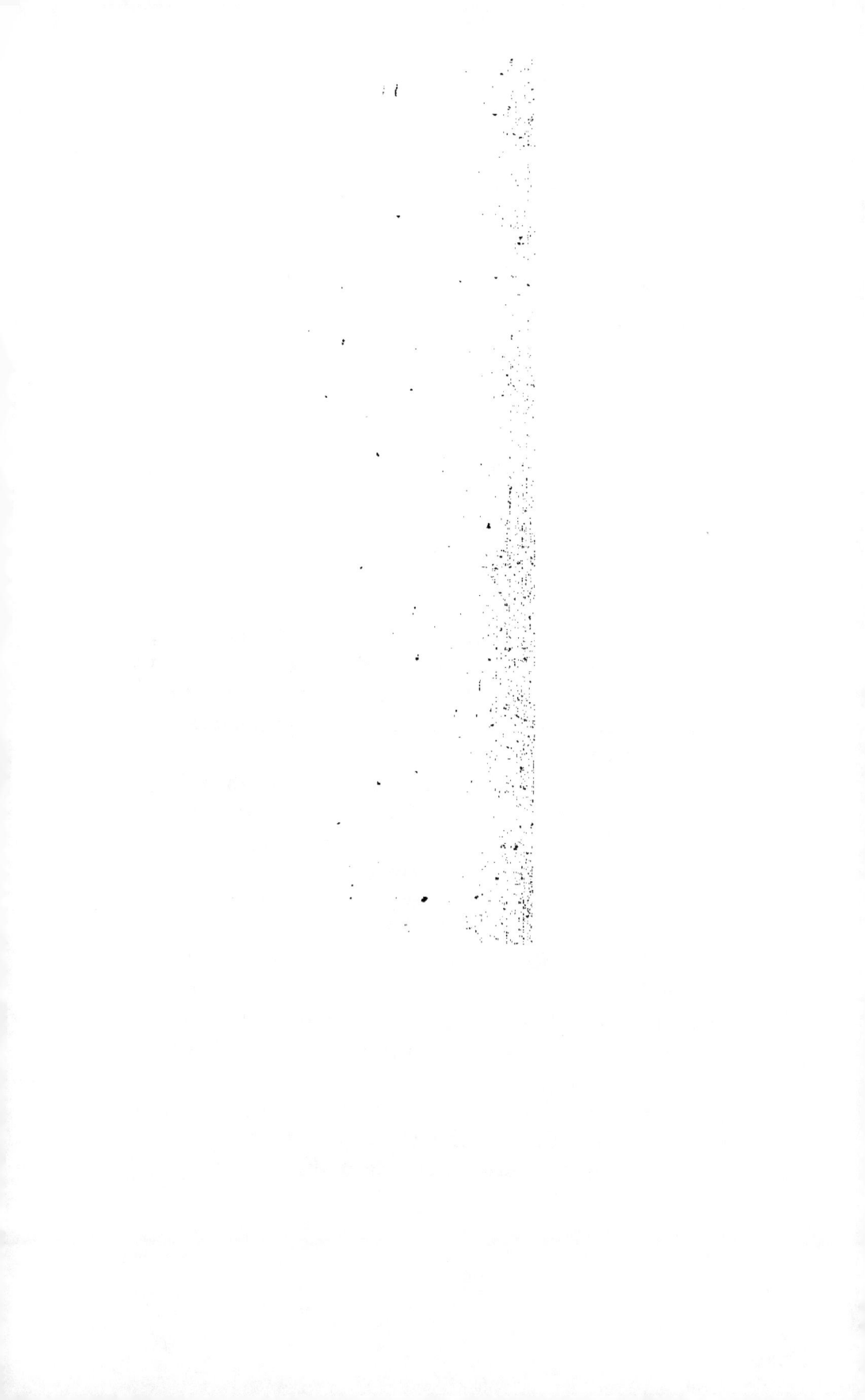

GUSTAVE

LE MAUVAIS SUJET

CHAPITRE PREMIER

FRAYEUR, TERREUR, MALHEUR

— Hue !... hue donc, Zéphire !... du courage, mon gros, trotte encore une petite lieue, et nous serons cheux nous... Ah !... v'là que tu te mets en train... c'est bien heureux !... Tu commences à sentir l'écurie, j'vois ça.

Le père Lucas s'entretenait ainsi avec son bidet, et, tout en cheminant sur la route de Louvres à Ermenonville, s'efforçait, par ses discours accompagnés souvent de gestes expressifs, de donner du cœur à Zéphire, qui n'en trottait pas plus vite pour cela.

Tout à coup, un poids nouveau tombant sur la croupe du pauvre animal, il fait un saut et prend un temps de galop, ce qui ne lui arrivait pas deux fois l'an ; mais la violence de la secousse semble lui avoir donné des ailes.

Lucas veut crier... deux bras vigoureux l'entourent et le serrent fortement : le pauvre villageois, frappé de terreur, croit avoir le diable en croupe ;

il n'a plus la force de parler ; il s'abandonne à son destin, lâche la bride au bidet, et ferme les yeux pour ne pas voir son compagnon de voyage.

Cependant Zéphire n'était ni de force ni d'humeur à galoper longtemps ; d'ailleurs le terrain devenait sablonneux, et cela amortit sa vigueur ; il reprit donc son pas ordinaire. Les bras qui entouraient Lucas se détachèrent et lui laissèrent la respiration plus libre.

Un éclat de rire partit derrière le dos du pauvre paysan. Il commença à reprendre ses sens, il rappela son courage, et réfléchissant que, sans être un esprit malfaisant, on pouvait très bien avoir sauté sur la croupe de Zéphire, il tourna un peu la tête... risqua un œil... et vit, au lieu de Béelzébuth ou d'Asmodée, un jeune homme d'une figure agréable, dont la mise était un peu en désordre, mais qui, malgré cela, n'avait rien d'effrayant.

— Morgué, monsieur, il faut avouer que vous m'avez fait une fière peur !

— N'est-ce pas, mon gros père ?... Aussi vous avez fait presque un quart de lieue sans bouger, et je crois même sans respirer !...

— Ça vous fait rire, ça, monsieur : m'est avis qu'i gnia pas de quoi !... Qu'aurait dit not' femme si all' m'avait vu revenir mort à la maison ?...

— Parbleu ! elle se serait consolée.

— Oh ! ça, c'est possible... mais moi, je ne serais pas consolé... et ma fille, et ma petite Suzon, qui aime tant son papa Lucas !...

— Allons, papa Lucas, vous n'êtes pas mort, et j'espère que votre frayeur est calmée ; ainsi ne parlons plus de cela, vous voyez que je ne suis ni un diable ni un voleur...

— Je n'en sommes pas encore ben sûr... Un homme qui tombe derrière moi comme un accident !...

— Depuis quelques moments je vous appelais, mais vous ne m'entendiez pas... J'ai pris ma course... et comme j'ai eu des leçons de Franconi, je suis monté à cheval sans vous arrêter.

— Oh ! ça, vous êtes leste !... c'est vrai. Mais est-ce que vous croyez que je vais vous mener comme ça longtemps !...

— Parbleu ! jusque chez vous, je pense.

— Cheux moi ? et pour quoi faire ?

— Pour me loger cette nuit.

— Vous loger... un homme tombé des nues !...

— Qu'importe d'où je tombe, si je vous paie bien ? Père Lucas, aimez-vous l'argent ?

— Oui-da... quand il est gagné honnêtement, s'entend.

— Eh bien ! comme il n'y a aucun mal à donner à souper et à coucher à un voyageur, vous me recevrez ce soir chez vous. Tenez, voilà vingt francs d'avance pour ma dépense. Maintenant serrons les genoux, piquez Zéphire, et hâtons-nous d'aller rassurer madame Lucas.

Le jeune homme avait un ton si persuasif, si décidé, des manières si rondes et si gaies, que le paysan ne vit rien à répliquer à sa proposition. De plus, Lucas aimait l'argent, et vingt francs ! c'est une somme au village ! On presse donc le bidet, et l'on continue à trotter.

Chemin faisant, Lucas adresse de nouvelles questions à son compagnon.

— Ah çà ! vous venez donc des environs, car vous vous promeniez sans chapeau ?

— Parbleu ! je n'ai pas eu le temps de le prendre ; c'est bien heureux que j'aie pu passer un pantalon et un habit!...

— Diable !... est-ce que vous étiez à vous baigner dans un endroit ous' que c'est défendu ?

— Je ne me baignais pas précisément, mais j'étais en effet dans un endroit où il est défendu d'aller.

— J'vois c'que c'est!... vous étiez à chasser sans permission !

— Comme vous dites, père Lucas ; je chassais sur un terrain qui ne m'appartient pas.

— V'là c'que c'est... ces jeunes gens... ça ne doute de rien. Ah çà ! vous chassiez donc sans habit et sans culotte ?

On se mouille, on se crotte, on crie, on ne s'entend plus. (p. 10).

— Ah ! c'est que c'est beaucoup plus **commode** pour attraper l'oiseau que je chassais.

— Ah ! c'est un oiseau !... Hue donc, **Zéphire** !... Morgué, v'là une drôle de chasse ! il faudra que vous me l'appreniez, car je n'en avons jamais entendu parler.

— Mais, père Lucas, il me semble que Zéphire ne va plus !

— Ah ! dam' ! il n'est pas habitué à porter deux charges.

— J'ai une faim dévorante : où demeurez-vous ?

— A Ermenonville.

— Est-ce ce village que j'aperçois ?

— Non, ce n'est que Morfontaine ; nous avons encore une lieue et demie à faire. C' qui me chiffonne, c'est que v'là la nuit... et j'ons peur des voleurs et des loups.

— Ne craignez rien, je vous défendrai.

Comme nos voyageurs achevaient cette conversation, ils entendirent le galop des chevaux qui venaient derrière eux. Il faisait déjà très sombre ; on ne pouvait se reconnaître de loin. Le bruit approchait ; les personnes qui galopaient n'étaient plus éloignées de nos voyageurs. Tout à coup le jeune compagnon de Lucas semble saisi d'une crainte subite.

— Morbleu ! s'écrie-t-il, c'est moi que l'on poursuit !... et vite, mon brave homme, il faut leur échapper !...

— Vous que l'on poursuit !... Comment ! pour c't'oiseau que vous chassiez en chemise ?...

— N'importe pourquoi ; je vous conterai cela... Allons, il faut absolument gagner du terrain ; ensuite la nuit nous protégera.

Sans attendre l'avis du paysan, le jeune homme pousse, presse, bourre de coups le pauvre cheval, et le force à prendre le galop. En vain Lucas se lamente, jure, crie qu'on va crever sa monture ;

son compagnon n'écoute, rien que le bruit des chevaux qui le poursuivent et qui sont sur le point
de l'atteindre. On traverse ainsi Morfontaine,
Zéphire ne se possède plus : n'étant pas habitué
à un pareil traitement, il se livre à une noble fureur ; il regimbe, gambade, rue, brise son mors et
emporte ses cavaliers vers une mare où barbotaient
tranquillement une douzaine de canards.

Lucas crie : Arrête, arrête ! On crie derrière
nos voyageurs : Arrêtez ! arrêtez ! Notre jeune
homme rit et jure en même temps. Enfin Zéphire
entre dans la mare ; il s'embourbe, tombe de côté ;
les cavaliers en font autant, on roule sur les canards, on en écrase quatre ; on se mouille, on se
crotte, on crie, on ne s'entend plus.

CHAPITRE II

L'ONCLE ET LE NEVEU

— Mille escadrons ! toujours de nouvelles fredaines ! encore un billet de six cents francs qu'il
faut que je paie pour monsieur !...

— C'est une dette d'honneur, mon oncle.

— Morbleu ! monsieur, toutes les dettes sont
des engagements sacrés ; mais ce n'est point une
raison pour en faire, lorsque je sais prévenir tous
vos besoins. Savez-vous, mon neveu, que vous êtes
un bien mauvais sujet ?

— Moi, mon cher oncle ? mais je ne vois pas en
quoi j'ai mérité...

— Ah ! vous ne voyez pas... eh bien ! je vais
vous le faire voir, moi, monsieur ! Asseyez-vous
là, Gustave, devant moi ; restez tranquille, si vous
pouvez... mais, morbleu ! ne m'interrompez pas !...

— Mon cher oncle, je sais trop ce que je vous
dois .

— Silence ! Hortense Moranval, votre mère et

ma sœur, était une bonne femme, aimable, rangée, économe...

— Elle avait toutes les qualités...

— Taisez-vous, monsieur ; je sais ce qu'était ma sœur ; je sais aussi qu'aveuglée par son amour pour son cher fils, elle ne voyait pas qu'il était emporté, impatient, menteur, joueur...

— Ah ! mon oncle !

— Morbleu ! vous tairez-vous !... Votre père était un homme d'esprit ; ses talents, son mérite, son caractère agréable, le faisaient rechercher dans toutes les sociétés. Il se serait fait un nom dans la profession d'avocat qu'il exerçait avec honneur... mais la mort l'enleva brusquement à son épouse, à ses amis !... Vous étiez trop jeune encore pour apprécier cette perte, vous ne pouvez vous souvenir de ce cher Saint-Réal !...

— Du moins, mon oncle, je saurai toujours chérir et révérer sa mémoire...

— Si vous la révériez, monsieur, vous ne feriez pas tant de sottises !... Mais revenons : j'ai passé une partie de ma vie à l'armée ; lorsque, dans les rares voyages que je faisais à Paris, j'allais voir ma sœur, vous preniez mon épée et la mettiez à la place de la broche ; mon plumet devenait la proie du chat, mon chapeau changeait de forme, mes épaulettes n'avaient plus de grains, et je trouvais à mes pistolets du fromage de Gruyère pour pierre et de la cendre dans le bassinet... tout cela n'était que bagatelles ; mais je m'apercevais que vous n'appreniez rien.

Votre mère vous avait donné des maîtres que vous n'écoutiez point ; vous dansiez avec votre maître de latin et d'histoire ; vous tiriez des pé-

Vous tiriez des pétards au nez de votre maître de violon.
(Page 13).

tards au nez de votre maître de violon ; vous mettiez des bouts de chandelle dans les poches de votre
maître de dessin ; vous faisiez le diable enfin !... Je
disais à ma sœur de vous corriger, mais elle croyait
que l'âge suffirait pour mûrir votre raison. Pauvre
Hortense !... elle vous trouvait charmant !...

— Ah ! mon oncle, toutes les dames étaient de
l'avis de ma mère !...

— Oui !... c'est donc cela que vous les aimez toutes généralement !...

— C'est par reconnaissance, mon oncle...

— Est-ce aussi par reconnaissance que vous les trompez ? que vous séduisez les petites filles, débauchez les femmes honnêtes et faites les maris cocus ?... Mais poursuivons : votre mère... ma pauvre sœur est morte... cette perte vous a vivement affligé !... j'en conviens, vous aimiez votre mère... ; c'est tout naturel : en la pleurant, vous n'avez fait que votre devoir. Hortense, en mourant, me recommanda son fils, j'ai juré de veiller sur vous, et Dieu sait aussi le mal que vous m'avez donné depuis ce moment ! Je vous ai mis en pension : vous aviez alors douze ans.

Pendant quelques années, vous avez été assez raisonnable. On m'écrivait que vous faisiez de rapides progrès ; j'étais enchanté ! Enfin, je me rends à Paris.... vous veniez d'avoir seize ans. Je vais à votre collège ; je me fais une fête de voir mon cher neveu !... je demande Gustave Saint-Réal... les visages s'allongent, les physionomies se rembrunissent... on balbutie... je m'impatiente, je crie, je me fâche... on m'apprend enfin que mon drôle a disparu depuis huit jours, ainsi qu'une petite demoiselle de quinze ans, blanchisseuse de fin de messieurs les élèves et qui demeurait en face de votre pension.

— Ah ! mon oncle, est-ce ma faute si l'amour...

— Mille cartouches ! monsieur, un enlèvement à seize ans !...

— Lise était si jolie... si espiègle...

— Et vous si libertin... Enfin, j'ai déniché M. Gustave et sa dulcinée au fond d'une petite chambre, au quatrième, rue du Fauconnier. J'ai ramené la jeune personne chez sa mère... je ne sais trop dans quel état... mais cela regarde les parents, qui n'ont pas su garder leur fille. Pour vous, depuis ce temps, vous ne m'avez pas laissé respirer un moment...

— Ah ! mon oncle... pour quelques folies...

— Si je vous laisse à la ville, vous courez les bals, vous vous liez avec des mauvais sujets, vous les amenez chez moi, vous buvez mon meilleur vin, vous crevez mes chevaux !... vous cassez mon cabriolet, et, qui pis est, vous faites des dettes... Si je vous fais rester à ma maison de campagne, vous dévastez mon jardin, vous tuez mes lapins, vous blessez mes chiens de chasse, vous vous battez avec les paysans, et faites des enfants à leurs femmes. Que diable ! monsieur, il faut que cela finisse.

Vous ne voulez pas être militaire, je le conçois, vous ne savez pas obéir, et je n'insiste pas là-dessus, car je craindrais de vous voir, au bout de quelque temps, condamné à être fusillé pour avoir manqué à vos supérieurs. D'ailleurs, nous sommes en paix, et il n'est pas nécessaire que vous passiez votre jeunesse en garnison. Mais enfin, vous avez vingt ans ; moi, je commence à devenir vieux ; l'occupation que vous me donnez est trop fatigante, je suis bien aise de me reposer, mais je veux vous forcer à devenir sage ; et pour cela, monsieur, je vais vous marier.

— Me marier, mon oncle !

— Oui, Gustave, oui, vous marier.

— Et c'est pour me rendre sage ?

— Est-ce que vous ne pourrez pas vous contenter de votre femme ?

— C'est selon, mon oncle ; il faut d'abord qu'elle me plaise ; il faut ensuite qu'elle m'aime...

— Me prenez-vous pour un imbécile, mon neveu ? croyez-vous que je n'aie point songé à tout cela ?... La demoiselle vous plaira, parce qu'une fille bien élevée aime l'époux qu'on lui destine ; que d'ailleurs vous êtes joli garçon, et qu'en général les femmes n'ont que trop de penchant pour les mauvais sujets. Enfin ce mariage me fera grand plaisir, et j'espère que vous compterez cela pour quelque chose.

— Ah, mon oncle ! mon plus grand désir est de vous prouver mon attachement...

— En ce cas, Gustave, tu vas partir pour la terre de M. de Berly, qui est située à huit lieues d'ici, entre Louvres et Senlis : c'est là que tu verras sa nièce, la jeune Aurélie, celle que je te destine.

— Mais, mon oncle, je ne connais ni M. de Berly ni sa nièce.

— Tu feras connaissance : de Berly est un bon homme tout rond, que j'ai connu jadis lorsqu'il était fournisseur de nos armées... D'ailleurs, tu es attendu ; parbleu ! tu seras bien reçu.

— Mais vous, mon oncle ?...

— Moi ? tu vois bien que je ne puis pas remuer maintenant, ma maudite goutte me retient à Paris, mais dès qu'elle me laissera en repos, je partirai, j'irai vous rejoindre. En attendant on se passera de moi : vous vous amuserez, vous chasserez ; car de Berly est fou de la chasse !...

— Allons, mon oncle, puisque vous le voulez,

je vais partir, je vais voir cette demoiselle Aurélie !...

— Tu n'en seras pas fâché, fripon... Tiens, puisque tu deviens raisonnable, je veux oublier tes folies passées : voilà cent louis pour ton voyage et pour t'amuser au château de Berly...

— Ah ! mon cher oncle, que de bonté !

— Mais, mon neveu, plus d'étourderies, de duels, d'enlèvements, de déguisements !... Rompez entièrement avec les marchandes de modes et les danseuses de l'Opéra... surtout ne voyez plus cette petite Lise... objet de vos premières amours... c'est elle qui vous engage à me désobéir.

— Non, mon cher oncle ! oh ! je vous jure...

— Enfin, monsieur, devenez sage, ou je vous avertis que je me fâche sérieusement et que j'emploierai la rigueur pour vous faire changer.

— C'est fini, mon oncle, je suis corrigé.

— Prends mon cheval gris. Il est dix heures ; tu arriveras au château avant le dîner. J'ai dit à Benoît de préparer ton porte-manteau. Il te suivra pour être ton valet à la place de ce mauvais sujet de Dubois que je viens de chasser.

— Quoi, mon oncle, Benoît, le fils de votre portier ! mais ce garçon-là est bête comme une oie !...

— Tant mieux, cela fait que tu ne lui donneras pas d'intrigues à conduire. Allons, pars et fais ce que je te dis.

Gustave embrasse son oncle, monte le cheval gris, et, suivi de Benoît, part pour la terre de M. de Berly.

CHAPITRE III

LA TANTE ET LA NIÈCE

Tout en traversant la Villette, le Bourget et Vauderland, chemin qui, par parenthèse, n'offre au voyageur rien de bien récréatif, Gustave faisait ses réflexions : il pensait qu'avant d'épouser il faut bien se connaître, se convenir (pour un étourdi, cette réflexion était fort sage).

Il était bien décidé à ne prendre mademoiselle Aurélie que dans le cas où ce serait une femme jolie, aimable, douce, modeste, sensible et constante, enfin une femme comme il n'en avait pas encore rencontré ; et à vingt ans Gustave avait l'expérience d'un homme mûr, par la raison qu'il avait commencé ses fredaines de très bonne heure, ce qui a son bon et son mauvais côté : son bon, parce que cela donne quelque connaissance du cœur féminin ; son mauvais, parce qu'on croit le connaître tout à fait et que l'on est souvent plus trompé lorsqu'on pense ne plus pouvoir l'être.

Gustave avait un fonds de gaieté inépuisable, et quand, avec cela, sa bourse était bien garnie, il voyait tout en rose.

Dans cette heureuse disposition d'esprit, notre héros (car vous devinez, lecteur, que monsieur Gustave est le mauvais sujet dont nous allons nous occuper), notre héros, dis-je, passa Louvres, et tourna vers Senlis, dont la terre de Berly n'était point éloignée.

Plus il approchait cependant, plus il était curieux de connaître ce M. de Berly et sa nièce. Il ne se rappelait pas les avoir vus chez son oncle, ce qui n'était point extraordinaire : il avait pour habitude d'être toujours dehors, et pour éviter les sermons du colonel Moranval, il se trouvait rarement en société avec lui.

Gustave réfléchit que son nouveau domestique, Benoît, étant fils du portier de la maison et chargé quelquefois de servir à table, pouvait connaître le personnage chez lequel il se rendait ; il se décida donc à interroger Benoît.

Le nouveau jockey de Gustave était un garçon de dix-huit ans, grand comme une perche, fort comme un Turc, frais comme une rose, rouge comme une cerise, gauche comme une Champenoise, bête comme un âne, et entêté comme ces derniers le sont ordinairement.

Gustave partit d'un éclat de rire en regardant Benoît, qu'il avait oublié depuis qu'ils étaient en route.

La tournure du jockey était bien faite pour provoquer la gaieté. Benoît n'avait jamais monté à cheval, mais n'ayant point osé dire cela devant le colonel Moranval, qu'il craignait comme le feu, il avait pris bravement son parti, et avait enfourché le cheval le plus petit, sur lequel il se tenait roide comme un piquet, et sérieux comme un Suisse.

Gustave arrête son cheval pour que Benoît puisse le rejoindre ; mais le nouveau valet, qui s'est fait donner par son *papa* une leçon détaillée touchant les devoirs d'un serviteur envers son maître, et qui a juré de ne jamais s'en écarter, a bien retenu qu'il fallait être toujours à une distance respectueuse de M. Gustave. Ferme sur ses principes, il s'arrête dès qu'il voit son maître s'arrêter.

— Avance donc ! crie Gustave impatienté.

— Non, monsieur !... pas si bête !...

— Comment, pas si bête ! Je te dis d'approcher !...

— Je connais trop mes devoirs, monsieur ; je n'en ferai rien !...

— Mais, butor, puisque je te l'ordonne !...

— C'est égal, ça, monsieur, je sais le respect qu'un valet doit à son maître... et je n'avancerai point !...

— Maudit imbécile !... il faudra que ce soit moi qui aille le chercher...

Gustave pique son cheval, et court sur Benoît, dont la monture effrayée fait un saut de mouton, qui jette son cavalier dans le ruisseau. Le grand garçon se relève en pleurant, fort mécontent des suites de son respect pour ses devoirs. Gustave lui tire l'oreille pour qu'il remonte à cheval, et le force enfin à rester près de lui.

— Allons, Benoît, tu m'écouteras maintenant, j'espère ?

— Oui, monsieur... oui... hi ! hi ! hi !...

— Comment, grand nigaud ! tu pleures ?...

— Monsieur... c'est que je crois que je suis blessé...

— Où donc ?

— Monsieur... c'est... c'est...

— Mais où donc ?... parleras-tu ?...

— Monsieur... c'est entre le haut des cuisses et la chute des reins...

— Imbécile ! tu ne peux pas dire au derrière ?...

— Monsieur... je sais mon respect et mon devoir...

— Ce coquin-là me fera damner avec ses devoirs. Allons, tu te bassineras les fesses à la maison de campagne où nous allons. A présent, réponds-moi ; connais-tu ce M. de Berly ? l'as-tu vu chez mon oncle ?

— Mais oui, monsieur.

— Quel homme est-ce ?

— Dame, monsieur... c'est un homme... ni grand ni petit... ni beau ni laid...

— Son âge ?

— Ni jeune ni vieux, monsieur.

— Me voilà bien instruit !....et sa nièce ? quel âge ? quelle tournure ?

— Mais, monsieur, quant à ce qui est de ça... je ne me rappelle pas d'avoir vu de nièce !...

— Allons... je vois que tu n'es bon à rien. Mais j'aperçois une maison de belle apparence ; ce doit être celle de M. de Berly... avançons.

Les voyageurs étaient en effet arrivés au but de leur course.

Gustave s'informe à un villageois, et apprenant qu'il ne s'est pas trompé, il entre avec Benoît dans une grande cour, descend de cheval et demande

M. de Berly. Le concierge l'engage à se rendre
dans les jardins, où il trouvera son maître, s'il
n'aime mieux l'attendre au salon. Gustave, impatient de connaître son hôte, préfère le premier
parti ; il laisse Benoît qu'il recommande au concierge, et, traversant une terrasse, entre dans les
jardins.

Notre jeune homme parcourt plusieurs allées de
lilas et de chèvrefeuille ; il admire la tenue du jardin et le goût qui a présidé à sa distribution ; des
bosquets touffus, dont l'entrée est presque cachée
par des buissons de roses, semblent inviter au repos
ou à l'amour.

Des statues ornent ces aimables lieux ; mais ce
ne sont point les tristes Danaïdes, le malheureux
Tantale, l'affreux Polyphème, le hideux Centaure,
le dégoûtant Philoctête, qui s'offrent aux regards
des promeneurs ; ce sont Vénus détachant sa cein-
ture, l'Amour aiguisant ses flèches, les Grâces fo-
lâtrant autour de Cupidon ; et si, dans le fond
d'une grotte, Vulcain vient frapper vos yeux, c'est
que l'image du pauvre boiteux ne rappelle rien de
triste à l'imagination.

Gustave admirait tout, et pensait que le maître
de la maison devait être un homme d'esprit et de
goût, lorsqu'au détour d'une allée, il aperçoit,
sous un bosquet, une jeune femme assise et lisant ;
ne doutant point que ce ne soit la nièce de M. de
Berly, cette demoiselle Aurélie qu'on lui destine,
il s'arrête pour la regarder : heureux Gustave !
avec quel plaisir il admire une bouche charmante,
un teint rosé, un nez bien fait, un front gracieux,
qu'ombragent de beaux cheveux blonds, une taille
élégante, des formes arrondies, un petit pied qui

semble effleurer la terre, et un sein dont chaque
mouvement fait battre violemment le cœur de
notre héros ? Quant aux yeux, il ne peut les voir,
puisqu'ils sont baissés sur le livre ; mais il les devine, il pressent d'avance leur expression, leur douceur, leur volupté.

Ne pouvant plus longtemps résister à son agi-
tation, Gustave approche... la jeune femme l'entend, elle quitte son livre et le regarde... J'en
étais sûr, pense Gustave, les plus beaux yeux du
monde.

— Que demande monsieur ? dit une voix qui
retentit jusqu'au cœur du jeune homme (lequel,
d'ailleurs, avait, comme vous le savez, un cœur très
prompt à s'enflammer).

— Pardon... mademoiselle... je voulais... je ve-
nais... mais en vérité, je ne cherche plus rien depuis que je vous ai trouvée.

La jeune personne, qui avait souri au nom de
mademoiselle, parut flattée de l'effet que sa vue
produisait sur un joli garçon qui, malgré son émotion, ne paraissait ni gauche ni emprunté.

On a beau dire, le cœur, les qualités, le caractère, voilà l'essentiel : une jolie figure, une tournure agréable et de la grâce, ne gâtent rien à
l'affaire. Demandez aux demoiselles, aux dames
même, si ce n'est pas d'abord par là qu'on se laisse
séduire...

Je sais bien que si l'on n'a que les avantages
physiques, on cesse bientôt de plaire ; cela doit
être ; c'est une compensation pour les gens aimables
qui ne sont pas beaux.

— Eh mais, monsieur, dit la jeune dame après
avoir regardé Gustave, seriez-vous par hasard le

jeune homme que nous attendons, monsieur Gustave Saint-Réal ?

— C'est moi-même, mademoiselle ; et je vois en vous, mademoiselle Aurélie, la nièce de M. de Berly.

— Non, monsieur, je suis l'épouse de M. de Berly.

— Son épouse !...

— Comment ! M. de Berly est marié et vous êtes...

— Sa femme, oui, monsieur.

Gustave n'en revenait pas : il ignorait que M. de Berly fût marié, et marié à une femme qui n'a pas vingt ans !

Cette jolie personne était donc la tante de mademoiselle Aurélie ? Comment une nièce pouvait-elle plaire à côté d'une tante comme madame de Berly ?

— Allons, se dit Gustave, attendons avant de nous prononcer ; cette maison me paraît le séjour des Grâces ; je vais sans doute voir une autre merveille.

Madame de Berly proposa à Gustave de le conduire près de son mari, qui attendait son arrivée avec impatience. — Il sera, dit-elle, enchanté de vous voir... ainsi que ma nièce, mademoiselle Aurélie.

Ces derniers mots furent prononcés en souriant : on regardait Gustave, et celui-ci cherchait aussi à lire dans les yeux de son aimable conductrice : on fait ainsi un peu de chemin ; on paraissait préoccupé, on se regardait, on soupirait et on se taisait.

Ces mots : Voilà mon mari, tirèrent Gustave de ses pensées. — Voyons donc ce mari, dit-il en lui-même, cet heureux mortel, possesseur de tant de charmes!... Parbleu! il faut qu'il ait bien du mérite, bien de l'esprit, bien des avantages naturels pour captiver une aussi aimable femme!

Gustave lève les yeux, et se trouve en face d'un petit homme de cinquante ans, gros, rouge, bourgeonné, ayant de petits yeux bêtes et une bouche jusqu'aux oreilles.

— Encore une surprise! se dit notre jeune homme en retenant un éclat de rire qu'avait fait naître la vue de M. de Berly. Celle-ci, quoique moins agréable, lui causa cependant une secrète joie, dont le lecteur intelligent devinera facilement la cause.

— Mon ami, dit la jeune dame, voilà M. Gustave Saint-Réal que je te présente.

— Eh! arrivez donc, jeune homme; je vous attends depuis quinze jours!... Je suis enchanté de vous voir... embrassons-nous. Votre oncle est mon ami... il m'a souvent parlé de vous! il dit que vous êtes un mauvais sujet!... Eh parbleu, je l'ai été aussi!... On est jeune! on a des passions!... on fait des folies! c'est tout naturel! mon ami, voici ma femme, qui, je m'en flatte, en vaut bien une autre: vous ferez connaissance!...

Gustave s'était laissé secouer la main, embrasser... presser...

Il n'avait pas encore trouvé le temps de répondre aux politesses de M. de Berly; il n'y avait pas moyen de placer un mot avec cet homme-là lorsqu'il se mettait en train (ce qui lui arrivait souvent). Gustave le vit, il se contenta de saluer, de sourire et de regarder madame, qui souriait aussi.

— Dis donc, ma femme, a-t-on prévenu Aurélie de l'arrivée de notre jeune homme?...

— Mon ami, j'ignore si...

— Bon ! bon ! elle n'en sait rien : tant mieux, nous allons la surprendre ; elle ne s'attend pas à vous voir aujourd'hui... Peste ! elle sera contente. Je ne m'étonne pas que vous fassiez des vôtres à Paris ! c'est comme moi !... J'ai été fort bien !... j'ai été la coqueluche des belles ; mais maintenant je suis sage ! demandez plutôt à ma femme.

Ah ! chassez-vous ?... c'est que je suis grand chasseur, moi ! Oh ! c'est encore une passion ! Je passe des journées dans le bois à la piste du chevreuil ou du lièvre... mais aussi je tire !... Ah ! je tire joliment !... demandez plutôt à ma femme !

— Monsieur, pour moi, je ne chasse que...

— Vous chassez ? bravo ! nous ferons de fameuses battues !... vous admirerez mes bois : ils sont fournis en gibier ; j'ai une meute excellente !... et des fusils qui ne ratent jamais... Mais il me semble que l'heure du dîner est venue : mon estomac ne me trompe point.

Allons nous mettre à table, et là, nous ferons plus ample connaissance, et nous causerons, mon ami, nous jaserons le verre à la main ; c'est la bonne manière !... Je vois que vous êtes un garçon d'esprit ; j'aurai beaucoup de plaisir à causer avec vous.

On arrive à la maison. Pendant que M. de Berly donne ses ordres aux domestiques, et va, suivant l'usage, jeter les yeux à la cuisine, Gustave donne la main à madame, et passe avec elle au salon. Une jeune personne était au piano.

— Voilà, dit madame de Berly, mademoiselle Aurélie.

Ciel !... quelle différence entre la tante et la

nièce ! Et les yeux de Gustave attestèrent à madame de Berly ce que son cœur sentait déjà.

On feignit de ne pas s'apercevoir de cet aveu tacite ; mais le jeune homme remarqua qu'on ne paraissait nullement fâchée de cette préférence.

Mademoiselle Aurélie était grande, roide et empesée ; sa figure n'avait rien de mal, mais rien non plus qui fût agréable : ses yeux étaient grands, mais à fleur de tête : sa bouche pincée, son nez long et aquilin, sa peau plutôt jaune que blanche : un air de pruderie répandu sur toute sa personne donnait aux manières de mademoiselle Aurélie une sécheresse qui ne provoquait ni l'amour ni l'amitié.

La demoiselle se leva à la voix de madame de Berly, salua Gustave avec gravité, et reprit place devant le piano.

— Et voilà, se dit Gustave, la femme que l'on veut que j'épouse !... Vraiment, mon cher oncle a trop de bonté. Au reste, je suis enchanté d'être venu dans cette maison : je n'épouserai certainement pas la nièce ; mais si la tante est sensible !...

Madame de Berly engagea Gustave à se regarder dans la maison comme chez lui.

— Vous voyez, lui dit-elle, que mon mari est un homme sans façon ; veuillez agir de même ; je tâcherai de vous rendre ce séjour le moins ennuyeux possible.

— Ah ! madame, près de vous on doit le trouver charmant.

Et le jeune homme, qui avait pris la main de la jeune tante, la saisit avec transport, tandis que la nièce promenait les siennes sur les touches du piano.

La tante retira vivement sa main ; mais le regard qu'elle lança à Gustave n'exprimait pas un grand courroux.

— A table !... à table ! s'écria M. de Berly en entrant dans le salon ; que diable faites-vous donc ici, vous autres, au lieu de venir dans la salle à manger ? Ah ! je devine !... les jeunes gens s'examinaient, se lorgnaient, soupiraient !... Ah ! ah !... n'est-ce pas, ma femme, qu'on soupirait déjà ?

— Mon ami, je ne puis pas dire...

— Oui, oui, c'est juste !... tu ne veux pas parler de cela !... toi, qui as un cœur froid et sévère, tu ne penses pas qu'on puisse s'enflammer comme cela tout de suite !...

Ah ! ah ! Gustave ! c'est que ma femme est singulière ! elle rit, elle plaisante quand je lui parle des passions que j'ai inspirées jadis !... Allons, le dîner sera froid... Donnez la main à Aurélie, mon ami, et vous, ma nièce, souriez donc un peu... Oh ! c'est qu'elle est d'une timidité !... (Bas à Gustave.) L'innocence même !... mais le diable n'y perd rien...

On se rend dans la salle à manger ; Gustave est placé entre madame de Berly et mademoiselle Aurélie : — Du moins, dit-il en lui-même, si le côté gauche m'ennuie, le côté droit m'en dédommagera.

Pendant le premier service, M. de Berly, qui est aussi grand mangeur que grand chasseur, laisse un peu de repos à ses auditeurs.

Sa femme peut alors causer avec Gustave, qui est enchanté de son esprit, de sa gaieté, de son amabilité. La nièce parle peu, mais lorsqu'elle dit quelque chose, c'est avec une afféterie, une affectation, une recherche qui décèlent les prétentions cachées sous le voile d'une fausse modestie.

— A propos, dit M. de Berly pendant que sa femme découpait une superbe volaille, mon ami, c'est sans doute à vous, un grand garçon que je viens d'apercevoir cueillant de l'oseille à l'entrée du potager ?...

— Oui, monsieur ; j'avais oublié de vous en parler ; mais je suis étonné qu'il se soit permis...

— Parbleu ! il n'y a pas de mal à cueillir de l'oseille ! j'espère qu'il saura se faire donner ce qu'il faut par mes gens...

— Je crains, monsieur, qu'il ne fasse ici quelque sottise ; c'est un garçon très niais dont mon oncle s'est engoué.

— Bon ! bon ! il se dérouillera !... tous mes gens ont de l'esprit ici !... J'aime cela ; et puis, comme on dit, tel maître, tel valet.

Gustave rit en lui-même de la gaucherie de M. de Berly, qui ne s'apercevait pas qu'en se faisant un compliment il lui adressait une sottise.

Il était déjà décidé à trouver toujours parfait ce que ferait et dirait son hôte. Sans parler, il s'entendait avec le côté droit : il avait avancé un genou... un pied...

D'abord on s'était reculé... puis on avait cédé à la nécessité... on ne regardait plus Gustave, mais on paraissait vivement agité... le cœur palpitait avec force... et rien de tout cela ne paraissait annoncer l'indifférence ou la colère.

Quoi ! dira-t-on, déjà des entreprises téméraires ; déjà des genoux, des pieds, des mains qui vont leur train ! Que voulez-vous ? ces mauvais sujets vont vite en besogne ; et, en cela, ont-ils si grand tort ? pourquoi ne pas s'assurer de suite si l'on plaît, si l'on est aimé ?... — Mais la pudeur, me direz-vous, doit-on l'effaroucher ainsi ! — Oh !... vous avez raison !... on doit respecter la pudeur...

Mais examinez que tout ceci se passe sous la table et ne peut être vu.

Ah ! lecteur, si vous pouviez un jour ou un soir vous glisser sous une table où siègent de jolies femmes et des hommes aimables, vous verriez des choses fort drôles : sortez ensuite votre tête ; regardez ces yeux baissés, ce front candide, cet air ingénu... Vous voyez bien que ce qui est caché n'alarme pas la pudeur. Le dessert remettait M. de Berly en train : il fallut entendre le récit de sa chasse de la veille, de l'adresse avec laquelle il avait tué un chevreuil qu'il avait blessé huit jours auparavant, et du courage qu'il avait déployé en tirant, presque à bout portant, sur un loup aveugle qui, depuis quelques jours, désolait les environs.

On se leva de table, on passa au salon. Bientôt arrivèrent quelques habitants du voisinage qui faisaient la partie de M. de Berly le-

On se sépara de bonne heure. (P. 31.)

quel aimait beaucoup le trictrac, auquel il se croyait de la première force.

Madame de Berly chantait avec un goût exquis, et s'accompagnait avec grâce ; mademoiselle Aurélie frappait sur le piano comme un cheval sur le pavé, et l'oncle s'écriait tout en jouant :

— Hein ! entendez-vous ma nièce ?... Peste ! quel nerf ! quelle vigueur ! si ce n'est pas là de la première force, je ne m'y connais pas.

On se sépara de bonne heure. Madame de Berly avait mis notre jeune homme au fait des habitudes de la maison.

On l'engagea à ne pas faire de cérémonie, à se regarder enfin comme chez lui.

Gustave ne put retenir un soupir en voyant madame de Berly s'éloigner avec son époux... Il se rappela Vénus et Vulcain ; et le souvenir des statues qui décoraient le jardin se présentant à son imagination, il ne douta pas que madame de Berly n'eût présidé au choix des dieux.

Cette idée lui donnant une secrète espérance, il fit une grande salutation à la superbe Aurélie, et suivit un valet qui le conduisit à son appartement.

Notre héros rencontre sur son chemin Benoît, qui se présente à lui clopin-clopant.

— Te voilà donc, imbécile, lui dit Gustave ; pourquoi ne t'ai-je pas revu ?...

— Ah ! monsieur ! vous voyez bien que je puis à peine me tenir... depuis que j'ai fait usage du spécifique que la cuisinière m'a indiqué...

— Est-ce que par hasard tu aurais mis de l'oseille sur tes fesses ?...

— Justement, monsieur ; ils me disaient tous,

là-bas, qu'il n'y avait rien de meilleur pour guérir les écorchures... Moi, j'ai été en cueillir... on me l'a hachée, et puis dam'... je me suis mis ça en cataplasme... mais ça me cuit joliment, toujours !... et je commence à croire que c'est une farce qu'on m'a faite.

— Mon pauvre Benoît ! je vois que les gens de M. de Berly sont en effet très espiègles : tant mieux, le séjour que nous ferons dans cette maison te formera.

— Ah ! monsieur !... si on me forme souvent comme ça... je n'en sortirai pas !...

— Allons, couche-toi, nigaud, et une autre fois, tâche de ne point te laisser attraper.

— Oui, monsieur... V'là mon cabinet... si monsieur a besoin de moi, il n'aura qu'à m'appeler.

— Oh ! tu peux dormir ! ce n'est pas toi que je consulterai pour la réussite de mes projets.

Gustave se déshabilla en songeant à la jeune tante, dont il était éperdument amoureux ; Benoît se mit au lit en jurant contre l'oseille et la cuisinière ; le maître soupirait d'amour et d'espérance ; le valet gémissait et faisait des grimaces.

Notre héros vit en songe madame de Berly plus aimable, plus belle, plus séduisante que jamais ; il était avec elle sous un bosquet de myrtes et de roses ; loin des regards curieux, il pressait sa taille élégante, ses formes voluptueuses ; il cueillait sur ses lèvres un baiser brûlant, qui portait l'ivresse, le délire dans ses sens !...

Benoît rêva qu'il prenait un lavement.

CHAPITRE IV

LA PARTIE DE BILLARD

Le lendemain, dès le point du jour, Gustave était dans les jardins. Je ne sais par quel hasard madame de Berly s'y trouva aussi ; on se rencontra, on s'aborda.

— Quoi, madame, déjà levée !

— Oh ! monsieur, à la campagne, c'est un plaisir d'être matinal.

— Que je suis heureux de vous avoir rencontrée !

— Mais il est probable que, demeurant ici, nous nous rencontrerons souvent.

— Ah ! madame !... que ne puis-je...

— Mon mari est à la chasse. Il voulait vous réveiller pour vous emmener ; mais je lui ai fait observer qu'il fallait au moins vous laisser reposer aujourd'hui. C'est peut-être un plaisir dont je vous ai privé ?...

— Ah ! vous ne le pensez pas, madame... Puis-je en trouver où vous ne serez point ?...

— En vérité, monsieur Saint-Réal, vous êtes d'une galanterie...

— Non, madame, je ne suis pas galant !... je dis ce que je sens !

— Quelle folie !... mais vous vous méprenez, c'est à ma nièce qu'il faut adresser vos hommages ; songez donc que vous devez l'épouser.

— L'épouser ?... Jamais, madame !...

— Quoi ! vous ne remplirez pas les intentions de votre oncle ?

— Non, madame, je n'épouserai point une femme que je n'aimerais jamais !...

— Qu'en savez-vous? peut-être, en connaissant mieux Aurélie que vous ne pouvez encore juger que bien imparfaitement, peut-être changerez-vous de sentiments. La nièce de M. de Berly a des qualités, des vertus...

— Il me paraît, madame, que vous voudriez bien me la faire adorer ?

— Mais, monsieur, je le dois. Cet hymen satisferait un oncle qui vous aime...

— Et mon bonheur, madame, vous le comptez pour rien ?

— Mais vous-même, monsieur Saint-Réal, où l'avez-vous placé jusqu'à présent ? Si je crois tout ce que... l'on dit de vous, l'inconstance est votre bonheur !... la séduction, la perfidie, sont vos plus doux passe-temps...

— Ah ! madame !

— Je sais bien que les hommes sont presque tous volages, que les jeunes gens surtout n'aiment que le changement...

— Je suis revenu de toutes ces folies...

— Vous êtes corrigé... à vingt ans !

— Mais vous-même qui me prêchez si bien, madame, vous ne les avez pas?...

— Moi; monsieur, je suis mariée...

— Hélas ! oui, madame.

— Ainsi, monsieur, vous allez nous quitter !

— Pourquoi donc, madame ?

— Puisque vous n'aimez pas Aurélie, ce séjour ne pourra vous plaire longtemps.

— Ah !... madame... je ne m'éloignerai de vous que lorsque vous me chasserez !...

— Quelle idée ! nous serons enchantés, monsieur, de vous posséder ici ; votre présence fera plaisir... à... tout le monde. Je me flatte d'ailleurs qu'en voyant souvent Aurélie...

— Ah ! de grâce, madame, ne parlons plus de cela.

—Allons, soit, pour aujourd'hui. Je veux maintenant vous faire connaître les agréments de ce jardin.

Gustave offre son bras ; on l'accepte.

On parcourt tous les détours d'un jardin qui a près de trois arpents.

On visite un petit bois bien sombre, bien touffu, où l'ardeur du soleil ne pénètre jamais ; on entre dans une grotte tapissée de mousse, où madame de Berly va presque tous les jours lire ou travailler ; on monte sur un rocher d'où l'on découvre une grande étendue de terrain ; ou passe ensuite devant d'épaisses charmilles.

— Madame, dit Gustave, quel est donc cet endroit que nous ne visitons pas ?...

— Ah ! c'est un labyrinthe.

— Un labyrinthe ? Oh ! voyons, j'aime beaucoup les lieux où l'on peut s'égarer !...

— Mais, monsieur, je ne sais pas si je dois...
Allons, puisque vous le désirez.

La jeune femme réfléchit que refuser d'entrer
dans le labyrinthe serait déjà montrer de la
crainte, et que la crainte est une preuve de faiblesse.

Ne voulant point laisser deviner à Gustave ce
que peut-être elle craignait de s'avouer à elle-même,
elle céda à son désir. D'ailleurs ce jeune homme ne
lui a dit que de ces choses qu'on dit à toutes les
femmes ; il ne lui a point fait d'aveu qui puisse
l'alarmer ; à la vérité, ses yeux sont bien expressifs ! ils cherchent sans cesse les siens ; ils sont
tendres, ardents, éloquents ; mais peut-être
M. Saint-Réal a-t-il toujours les yeux ainsi ! et
puis ce jeune homme n'est arrivé que la veille, et
on semblerait déjà craindre des tentatives ?...
Allons ! décidément, il faut le conduire au labyrinthe.

N'allez pas croire, lecteur, qu'il s'y soit passé
des choses que je n'ose point vous raconter. Non ;
on se promena, voilà tout.

Gustave prit une main qu'il voulut baiser... mais
qu'on retira bien vite ; il fit semblant de s'égarer :
mais on le ramena toujours dans le bon chemin,
et il fallut sortir du labyrinthe tout aussi amoureux, mais pas plus avancé.

— A propos, dit madame de Berly, j'allais oublier de vous faire voir notre salle de billard.
Comme nous ne passons ici que la belle saison,
c'est dans le jardin que nous jouons.

Cette salle était près du salon du rez-de-
chaussée ; quelques arbres seulement l'en sépa-
raient.

Entourée de charmilles, de chèvrefeuilles et de lilas, elle ne recevait de jour que du haut ; elle était, à l'intérieur, ornée d'arbustes charmants ; les bancs de gazon placés tout autour semblaient des bosquets formés par la nature.

— Que cet endroit est délicieux ! dit Gustave.

— Jouez-vous au billard, monsieur ?

— Oui, madame.

— En ce cas, je compte sur votre complaisance pour me l'apprendre. Mon mari y joue fort peu !... il n'aime que son trictrac. D'ailleurs un époux a si rarement la patience d'apprendre quelque chose à sa femme !

— Madame, je serai enchanté de pouvoir vous être agréable : si vous voulez, nous pouvons commencer...

— Non, il est trop tard à présent ; songez qu'on nous attend pour déjeuner... Ce soir, je vous rappellerai votre promesse.

On quitta la salle de billard et l'on rentra dans la maison.

Qu'il est doux d'être chez une jolie femme dont le mari aime la chasse ! toute la journée on est seul avec elle. — Ah ! mon cher oncle ! disait Gustave en lui-même, que vous êtes aimable de m'avoir envoyé tenir compagnie à madame de Berly !

Pour mieux tromper le colonel Moranval, il lui écrivit qu'il se plaisait beaucoup chez madame de Berly, que tout le monde y était aimable, et qu'il y resterait aussi longtemps que l'on voudrait le garder.

Quoiqu'il ne se fût point expliqué à l'égard d'Aurélie, sa lettre enchanta le colonel, qui ne douta plus de l'amour de son neveu pour celle qu'il lui destinait.

Rassuré sur le compte de Gustave, qui paraissait disposé à faire les volontés de son oncle, le colonel écrivit à M. de Berly une lettre par laquelle il lui marquait que tout allait suivant leurs désirs, et envoya pour récompense à son neveu une nouvelle somme d'argent.

Pendant que cette correspondance s'établissait, le neveu avançait ses affaires.

Julie (c'est le nom de madame de Berly) ne pouvait se défendre de trouver Gustave bien aimable. A la campagne, on bannit le ton froid et composé de la ville, la confiance s'établit plus facilement; tout en causant, notre jeune homme apprit que Julie, mariée par des parents sévères qui n'avaient pas même daigné consulter son goût, n'avaient vu son futur qu'au moment de signer le contrat.

A la vérité, on ne se plaignait pas de M. de Berly, qui était complaisant et laissait sa femme libre de faire ce qu'elle voulait; mais l'amour pouvait-il naître d'une union si disproportionnée ?

M. de Berly avait plus du double de l'âge de sa femme; il était sot et bavard, Julie était tendre, spirituelle; il était laid, elle était charmante; il appelait amour le besoin des sens, Julie avait une âme faite pour connaître toute la délicatesse de ce sentiment : de bonne foi, elle ne pouvait qu'estimer son mari.

Ainsi des parents qui donnent leur fille à un homme qu'elle n'aime pas, la condamnent à ne jamais se livrer au plus doux sentiment de la nature !... Pauvres femmes !... il faut bien de la vertu ! et c'est le sexe le plus faible, celui qui est sans cesse l'objet de nos hommages, de nos séductions, qui doit montrer le plus de force, d'insensibilité, de fermeté !... En vérité, tout cela est fort mal arrangé, et ces messieurs qui ont fait le Code civil auraient bien dû consulter davantage le code de la nature.

C'est ce mauvais sujet de Gustave qui faisait toutes ces réflexions en regardant Julie assise devant son métier à broder, tandis que mademoiselle Aurélie leur tapait sur le piano l'air de *Beniouski*, qu'elle chantait comme un chantre de cathédrale.

L'après-dînée, on allait au billard, où Julie recevait des leçons de Gustave : quel plaisir de former à ce jeu une charmante écolière ! Le jeune homme plaçait toujours les billes au milieu du tapis, afin d'obliger madame de Berly à s'étendre un peu sur le billard ; il admirait alors des formes ravissantes, qu'une légère robe de mousseline couvrait sans les cacher. Pour diriger la main de son écolière, il entourait de son bras une taille bien prise ; il effleurait quelquefois une gorge d'albâtre ; ses yeux s'égaraient alors sur un sein qu'il brûlait de baiser !

Julie se plaignait de ce qu'il lui faisait souvent recommencer le même coup, mais Gustave enseignait avec tant de douceur qu'il n'y avait pas moyen de se fâcher.

Mademoiselle Aurélie ne jouait point au billard; elle aurait cru compromettre sa dignité en apprenant un exercice qu'elle trouvait trop *masculin*.

Ses yeux exprimaient un étonnement mêlé de dépit toutes les fois que Julie et Gustave se rendaient au jardin, mais elle n'osait se permettre des observations sur ce qu'elle appelait tout bas la folie de sa tante.

M. de Berly voulait tous les matins emmener

Gustave à la chasse ; mais celui-ci, feignant de
s'être blessé au genou et de boiter légèrement,
avait jusqu'alors évité la compagnie de son hôte.
La lettre du colonel Moranval avait fait grand
plaisir à M. de Berly, qui, fort peu connaisseur
en amour et en galanterie, était persuadé que Gustave adorait sa nièce ; il attribuait même à cette
passion et au désir de rester près d'Aurélie les refus
du jeune homme de l'accompagner à la poursuite
des lièvres.

Un monsieur Desjardins était arrivé chez M. de
Berly trois jours après Gustave.

C'était un grand sec, d'une cinquantaine d'années, grand mangeur, grand joueur et grand menteur. N'ayant qu'un revenu médiocre, il trouvait
moyen de ne pas toucher à ses rentes en vivant ha-
bituellement chez les autres.

Il avait les qualités nécessaires dans un para-
site : il était complaisant, flatteur et médisant,
lorsque cela était agréable à ses hôtes.

Il faisait un peu de tout : il jouait du violon assez
pour accompagner une sonate de Pleyel ; il dessi-
nait passablement et faisait des portraits à la sil-
houette ; il dansait lorsque cela était nécessaire, et
il jouait à tous les jeux. Chaque soir, M. de Berly
et lui se mettaient au trictrac, où M. Desjardins
trouvait, en jouant, le moment d'adresser des compliments à madame de Berly, des éloges à mademoiselle Aurélie sur sa manière de chanter, des
caresses au chat et des gimblettes au chien.

Depuis quinze jours, Gustave était près de madame de Berly, toujours plus amoureux, mais
n'obtenant rien de Julie.

Il avait fait l'aveu de son amour, qu'on avait

écouté en plaisantant ; on voulait bien plaire, mais on ne voulait pas manquer à ses devoirs.

Cependant, les leçons de billard continuaient ; elles devenaient bien dangereuses ; on y était toujours seuls ; les charmilles épaisses qui entouraient ce lieu empêchaient d'être vus du dehors ; le maître était tendre, aimable, entreprenant ; l'écolière, trop sensible, sentit que son courage diminuait... elle refusa de continuer à prendre des leçons.

— Allons, elle ne m'aime pas, dit Gustave, décidément c'est une coquette qui ne veut que s'amuser de mes tourments ; je suis fou de soupirer pour elle !... mais c'est fini, je ne lui parlerai plus... je ne veux même plus la regarder.

Cette résolution prise, Gustave veut essayer de faire la cour à Aurélie ; mais la tâche est trop pénible.

C'était un grand sec d'une cinquantaine d'années.(P.40.)

Les journées ne sont plus les mêmes : madame de Berly, fixée près de son métier, ne sort pas du salon, et le soir elle regarde jouer au trictrac ou écoute chanter l'infatigable Aurélie.

Elle est triste, rêveuse, mais toujours douce, com-

plaisante pour ceux qui viennent chez son époux ;
elle ne paraît pas s'apercevoir de l'humeur de Gustave, de ses prévenances affectées pour la grande
nièce, de ses épigrammes sur la coquetterie des
femmes.

Le jeune homme se dépite, il ne sait plus que
faire ; dans son désespoir, il accompagne M. de
Berly à la chasse ; il tire sur les chiens au lieu de
tirer sur les lièvres ; il prend des pies pour des bé-
casses, et un gros cochon pour un sanglier. Le
soir, il veut jouer au trictrac : il fait école sur école,
jette les dés par terre, laisse tomber son cornet.

Il veut chanter et n'a plus de voix ; il veut jouer
du violon : sa main tremble, il joue faux, il ne va
pas en mesure, il ne sait plus ce qu'il fait... M. de
Berly le raille, M. Desjardins rit, mademoiselle
Aurélie ouvre de grands yeux, Julie soupire.

— Allons, pensait M. de Berly, le jeune homme
est amoureux fou de ma nièce !... j'espère que cela
est visible !...

Le cher oncle en causait avec Desjardins, qui,
par principe, était toujours de son avis, et avec
sa femme, qui se contentait de répondre qu'elle le
désirait.

— Tiens, ma femme, regarde donc Gustave
assis là-bas tout seul dans un coin... vois-tu cet air
boudeur, ce front soucieux et mélancolique ?... Eh
bien ! c'est l'amour qui fait tout cela. Oh ! je m'y
connais !... D'ailleurs, rappelle-toi les premiers
jours de son arrivée ici, il était tout différent ; il
riait, causait, chantait, faisait mille folies !... aujourd'hui il n'ouvre la bouche que pour soupirer...
il lève les yeux au ciel !... et à la chasse, si tu sa

vais toutes les étourderies qu'il a commises !... c'est
à mourir de rire !...

Parbleu ! celui-là en tient, et joliment !... je
vais écrire à son oncle le colonel, pour qu'il presse
la conclusion, car enfin il ne faut pas laisser ce
pauvre garçon se dessécher !... N'est-ce pas, Desjardins ?

— Vous avez parfaitement raison, car...

— Quant à ma nièce, elle ne dit rien, mais je
suis sûr que la friponne n'en pense pas moins. Ah !
si le colonel n'avait pas sa maudite goutte, il serait
déjà ici !... qu'il me tarde de lui montrer son neveu
converti !...

— Mais, mon ami, êtes-vous bien certain...

— Oui, madame, oui, je suis certain que ce mariage sera aussi heureux que le nôtre... Mais à
propos, pourquoi donc ne jouez-vous plus au billard ?...

— Mon ami, c'est que...

— Cela amusait notre amoureux. Que diable !
il faut un peu l'égayer ; il aura le temps de faire des
réflexions quand il sera marié !... Gustave !... ma
femme se plaint de ce que vous ne voulez plus lui
donner les leçons de billard...

— Moi, mon ami ! je n'ai pas dit cela...

— Chut !... laissez-moi donc faire...

— Quand madame voudra, dit Gustave en se
levant ; je suis toujours à ses ordres.

— A la bonne heure... Allons, sortez un peu de
vos rêveries, jeune homme ! je vais faire un trictrac avec Desjardins ; faites éclairer le billard ;
vous aurez le temps de jouer jusqu'au souper...
Allons, madame de Berly... allez donc... Vous voyez
bien que monsieur vous attend ?...

Il n'y avait pas moyen de s'en défendre ; M. de
Berly le voulait, Gustave présenta la main à
Julie, il sentit que celle qu'on lui donnait trem-
blait beaucoup : un sentiment vague d'espérance et
de plaisir vint ranimer son cœur.

Ils arrivent à la salle de billard : le domestique
s'éloigne après avoir allumé les quinquets. Ils res-
tent seuls.

Madame de Berly est silencieuse, mais elle paraît
agitée ; Gustave est si triste qu'il faudrait avoir
le cœur bien dur pour ne pas avoir pitié de lui.

— Qu'avez-vous donc depuis quelques jours,
monsieur ? dit enfin d'une voix faible madame de
Berly, vous ne daignez pas de parler...

— Ce que j'ai ? ah ! madame ! ai-je besoin de vous le
dire encore ? Je vous adore, et vous me détestez ?

— Je vous déteste !... quelle injustice !... si cela
était, craindrais-je d'écouter vos serments... vos
discours ?

Julie en avait trop dit.

Gustave saisit sa main, qu'il posa sur son cœur.

— Laissez-moi, dit madame de Berly, vous ferez
mon malheur... Ah ! Gustave ! n'abusez pas de ma
faiblesse.

Mais un amant qui apprend qu'il est aimé n'é-
coute plus que son ardeur. Julie pleurait ; Gustave
la presse contre son sein, il couvre de baisers les
larmes qu'elle répand...

Elle veut se défendre... mais une flamme inconnue
circule déjà dans ses veines... elle ne peut que
rendre transport pour transport, amour pour
amour.

— Ma femme ! ma femme ! s'écria M. de Berly,
qui, comme on sait, n'était séparé du billard que

par quelques arbres et une charmille qui empêchaient de se voir, mais non de s'entendre, je viens
d'être fait *grande bredouille*; c'est la première fois
que cela m'arrive !...

Et vous autres, allez-vous bien ?

— Mais oui, monsieur, répond Gustave, car sa
compagne n'avait plus la force de parler ; nous
jouons très bien ce soir... madame votre épouse fait
des progrès sensibles...

— Tant mieux ! tant mieux ! au moins, quand
je jouerai avec elle, elle sera de force ; mais ap-
prenez-lui le doublé surtout, c'est cela qui est
joli...

— C'est ce que je fais dans ce moment, monsieur.

. La partie fut sans doute longue, car Gustave et
Julie ne rentrèrent au salon qu'au moment de se
mettre à table pour souper.

Madame de Berly avait les yeux très rouges, Gustave était rayonnant ; le plaisir, le bonheur brillaient dans ses regards.

— Eh bien, dit M. de Berly, vous êtes-vous
escrimés ? Qui est-ce qui a gagné le plus de parties ?

— Mais je crois que c'est madame...

— Bah ! allons, vous aurez fait cela par galanterie !... Elle ne peut pas être encore aussi forte
que vous, qui avez un coup de queue superbe, et
qui bloquez presque aussi bien que moi !...

— N'est-ce pas, ma femme, que je bloque joliment quand je m'y mets ?...

— Oui, mon ami, mais pas si bien que M. Gustave...

— Allons, tu veux flatter ton maître... Mais tu

parais bien fatiguée... Au fait, le billard est un
jeu très fatigant ; être toujours debout... aller...
venir...

— Eh bien ! moi, dit Desjardins, j'y ai joué une
fois trois jours de suite... nous étions deux enra-
gés ! on nous apportait à manger, et...

— Allons, Desjardins, vous nous conterez cela
en soupant ; d'ailleurs, je suis fâché avec vous... j'ai
votre *grande bredouille* sur le cœur !...

— J'en ai donné une fois huit de suite à un
homme qui certes était pour le moins...

Mais on était déjà dans la salle à manger, et
M. Desjardins fut obligé de remettre son anecdote
à un autre moment.

Pendant le souper, madame de Berly parla peu
et tint constamment ses yeux baissés.

Mademoiselle Aurélie ne cessait de promener les
siens sur Gustave et sa tante : ces prudes sont
quelquefois très clairvoyantes !... M. Desjardins
se contenta de manger et d'applaudir indistincte-
ment aux discours de tout le monde. M. de Berly
ne cessa de parler de sa force au billard et des
coups charmants que l'on pouvait y faire. Quant à
Gustave, il fut gai, aimable, et d'une complaisance
extrême avec M. de Berly, dont il vanta l'adresse
à la chasse, l'amabilité près des dames, et le courage dans le danger.

Le pauvre époux était enchanté du jeune
homme : en se levant de table, il lui serra la main
avec force, et lui promit que son oncle serait
instruit de sa bonne conduite.

Qu'on dise après cela qu'on a des pressenti-
ments !

CHAPITRE V

Les larmes de Julie se tarirent. L'amour d'une femme augmente par les sacrifices qu'elle fait à son amant ; plus elle donne, plus elle s'attache. Chez les hommes, il n'en est pas de même : le plaisir les fatigue et la continuité du bonheur les ennuie.

Le désir les enflamme, la jouissance les refroidit, et la volupté dénoue les nœuds formés par l'amour.

Que faudrait-il donc faire ? Vivre ensemble suivant la doctrine de Platon ?... Oh ! alors l'amour durerait beaucoup plus longtemps, mais il finirait aussi par se lasser d'attendre.

D'ailleurs, cette manière d'aimer deviendrait funeste à la population ; ensuite elle n'est pas dans la nature ni dans l'Evangile, puisqu'on nous a dit :
— Croissez et multipliez.

Il faut donc prendre philosophiquement les choses comme elles sont, et c'est surtout en amour qu'il est bon d'être philosophe. Faut-il se désoler lorsqu'une maîtresse nous trompe... lorsqu'un amant est infidèle ?...

D'abord, c'est un mal sans remède ; et puis, pourquoi une infidélité prouve-t-elle l'indifférence ? On peut avoir un moment d'oubli.

Errare humanum est.

Si l'on se faisait franchement l'aveu de ses faiblesses, alors la confiance ramènerait l'amour, la jalousie tourmenterait moins les cœurs, et la discorde cesserait d'agiter ses torches et ses serpents sur les esclaves de l'amour et de l'hymen.

Mais je ne vois pas pourquoi j'ai dit tout cela,

Gustave à force d'amour, avait calmé les craintes. (P. 49.)

ni le rapport que cela peut avoir avec les amours
de Gustave et de madame de Berly. Prenez donc,
lecteur, que je n'ai rien dit.

Gustave, à force d'amour, avait calmé les
craintes, les soupirs, les pleurs, les remords de
Julie. Ils jouaient tous les jours au billard ; ils
y jouaient le matin, le soir, et je crois même dans
le petit bois, dans la grotte, dans le labyrinthe.

Ce n'est point un crime de jouer au billard ;
mais lorsqu'on veut le faire en cachette, encore
faut-il prendre ses précautions. Voilà ce qu'ils ne
faisaient pas.

> Amour, amour, quand tu nous tiens,
> On peut bien dire adieu prudence.

Un soir que la partie de trictrac avait fini plus
tôt que de coutume, M. de Berly était descendu
au jardin pour voir sa femme et Gustave jouer au
billard, où ils étaient allés.

Le cher époux approche des charmilles... mais
il est fort surpris de ne pas voir de lumière. — Il
paraît, dit-il en lui-même, qu'ils auront changé
d'idée ! Ils sont sans doute au salon de musique.

Il va retourner sur ses pas... mais une voix qui
lui est bien connue prononce alors ces mots : — Ah !
Dieu !... que je suis heureuse ! quel plaisir !...

— Eh mais, parbleu ; c'est ma femme ! dit notre
homme. Et il entre dans la salle de jeu, où l'on ne
voyait pas clair.

— Comment diable ! vous jouez sans lumière,
vous autres?... Le cher époux ne voyait rien ; il
s'embarrasse les pieds dans quelque chose... il
tombe... il roule... et se trouve sur Gustave, qui,

je ne sais pourquoi, était alors à genoux près d'un banc de verdure.

— Quoi ! c'est vous, monsieur ? j'allais au-devant de vous... Permettez que je vous aide à vous relever...

— Comment, c'est toi, mon ami ? dit madame de Berly en s'éloignant très vite du banc de gazon.

— Sans doute, c'est moi... Peste soit de votre idée de jouer sans lumière !... Je crois que je me suis fait une bosse au front...

— Mais, monsieur, il ne fait nuit que depuis un moment... nous allions faire allumer...

— Parbleu ! vous êtes bien habiles de jouer comme cela !... Vous ne deviez pas trouver les trous...

— Pardonnez-moi, monsieur.

— Sans la voix de ma femme, je ne serais pas entré !... mais je l'ai entendue qui poussait une exclamation de joie...

— Ah ! c'est que madame venait de mettre dedans.

— Allons, je vais voir votre force... Ma femme, dis qu'on allume... Je veux vous faire la chouette.

Madame de Berly fit allumer. On joua. M. de Berly fit la chouette comme il l'avait désiré ; Gustave eut soin de jouer tout de travers ; Julie n'avait pas la main sûre ; le mari gagna toutes les parties ; il fut enchanté !... C'est toujours une compensation.

Mademoiselle Aurélie ne partageait pas la joie de son oncle.

Les manières de Gustave avec Julie lui semblaient d'une familiarité choquante : la froideur du jeune homme lorsqu'elle chantait *Mon cœur soupire* lui paraissait bien extraordinaire. Elle n'osait rien dire à son oncle, mais elle commençait à épier Julie et Gustave et, sans trop savoir pourquoi, désirait découvrir quelque chose.

Le derrière de Benoît était guéri, mais le pauvre garçon n'en était pas plus déluré ; seulement, pour éviter en voyage que pareil événement ne lui arrivât encore, il s'exerçait tous les matins à monter à cheval, et commençait à s'y tenir un peu mieux.

M. de Berly avait écrit au colonel Moranval une longue lettre dans laquelle il lui détaillait la manière édifiante dont son neveu se conduisait, son amour vertueux pour mademoiselle Aurélie, sa complaisance pour sa femme et son amitié pour lui.

Le colonel Moranval répondit à M. de Berly qu'il était charmé que Gustave fût corrigé ; que sa goutte le laissant un peu tranquille, il allait partir pour aller les retrouver et conclure le mariage : mais qu'il n'en fallait rien dire à son neveu, parce qu'il voulait le surprendre par son arrivée inattendue.

Les choses en étaient là, lorsqu'un matin on vient annoncer à M. de Berly qu'on croit avoir découvert les traces d'une louve à trois lieues de là, du côté de Montaigny.

Cette nouvelle pique l'amour-propre de notre chasseur. Quelle gloire pour lui s'il tuait une bête qui peut désoler les environs !... Cependant, il ne paraît pas décidé à se mesurer avec une louve, mais Gustave l'anime, l'excite... le nomme d'avance le libérateur du pays.

Desjardins se vante d'en avoir jadis tué quatre le même jour.

— En ce cas, dit M. de Berly, vous m'accompagnerez cette fois, je veux voir si vous êtes encore en état d'en tuer une.

Desjardins s'est trop avancé pour oser reculer ; il se cuirasse de la tête aux pieds. Quant à Gustave, il s'est laissé tomber la veille en courant dans le petit bois avec madame ; il souffre beaucoup au côté ; il n'est donc pas en état de suivre ces messieurs. D'ailleurs, il se reconnaît trop mauvais chasseur pour lutter avec eux.

— Mais, dit M. de Berly, il est possible que nous ne puissions pas aujourd'hui même découvrir la retraite de l'animal ; je ne veux pas aller si loin pour rien. J'ai justement une petite ferme près de Montaigny, nous y coucherons cette nuit, Desjardins et moi ; par ce moyen, demain, dès la pointe du jour, nous serons sur les lieux !... Je te déclare, ma femme, que je ne reviens pas sans te rapporter quelque chose de la bête.

Madame de Berly applaudit à cette idée de son mari. Gustave trouve dans ce projet un dévouement noble et héroïque. Il est donc arrêté que M. de Berly ne reviendra pas coucher : cela arrange tout le monde.

Nos chasseurs sont armés de pied en cap ; les chiens sont détachés, les chevaux sellés, les fusils chargés et les adieux terminés.

Tout au bonheur d'être ensemble, Gustave et Julie veulent en jouir entièrement. Mademoiselle Aurélie est incommodée et garde la chambre : cette circonstance augmente la sécurité.

Madame de Berly déclare qu'elle ne se sent pas bien non plus ; elle va s'enfermer dans son appartement et ordonne aux domestiques de renvoyer toutes les personnes qui pourraient venir.

Les choses ainsi arrangées, dès six heures du soir, madame est rentrée dans sa chambre à coucher, dont l'entrée est interdite aux profanes. Quant à Gustave, sans doute il se trouve aussi indisposé : car il a défendu à Benoît de venir le troubler dans son appartement.

On était dans les plus grands jours de l'été, où la nuit ne vient qu'à près de neuf heures. Il n'en était que huit, lorsqu'un étranger se présente chez M. de Berly : les domestiques lui annoncent qu'il ne trouvera personne à qui parler, que madame est malade, et que monsieur est à la chasse pour deux jours.

— Eh! mille cartouches, s'écrie le colonel Moranval (car c'était lui-même), je ne suis pas venu pour m'en aller : si de Berly n'y est pas, je l'attendrai ; je m'installe dans la maison sans cérémonie.

Le colonel avait un ton qui n'admettait pas d'observations : les domestiques le laissent entrer : il aperçoit Benoît dans la cour :

— Tiens! c'est... c'est vous, monsieur le colonel?

— Oui, mon garçon ; on ne m'attendait pas ici?...

— Ma foi, non, monsieur.

— Où est mon neveu ?

— Monsieur le colonel, il est malade, à ce qu'il m'a dit ce matin ; il est chez lui... où il dort sans doute, car il m'a défendu d'aller le déranger.

— Et madame de Berly ?

— Elle est indisposée... elle a bien ordonné qu'on n'allât pas dans sa chambre...

— Mais mademoiselle Aurélie, il faut espérer que je pourrai la voir... elle n'est ni à la chasse, ni malade, je pense ?

— Au contraire, monsieur, elle a la fièvre... elle est couchée depuis ce matin.

— Morbleu ! c'est donc un hôpital que cette maison ! Allons... j'attendrai seul, puisqu'il le faut !...

Comme le colonel disait ces mots, un grand bruit de chevaux se fit entendre ; on courut à la porte regarder qui arrivait... on aperçut M. de Berly et Desjardins, dont la chasse était déjà terminée.

Le colonel embrasse son ami.

— Comment, te voilà !... tes gens me disaient que tu serais deux jours absent !...

— Je le croyais aussi, mon cher colonel, mais le sort en a décidé autrement. On m'avait parlé d'une louve dont on croyait découvrir le gîte : quand nous sommes arrivés, Desjardins et moi, on venait de tuer la bête. J'en ai été vraiment désespéré ; je me sentais un courage... une ardeur !... Eh bien ! as-tu vu ton neveu ?

— Non ; j'arrive à l'instant... Mais tout le monde est malade chez toi : ta femme et mon neveu sont rentrés pour se reposer...

— Bah !... et ce matin, il n'y paraissait pas ! ce ne sera rien... Mon ami, je te fais compliment de ton neveu : c'est un charmant garçon. Comment, tu écrivais que je verrais un mauvais sujet ! c'est au contraire un jeune homme très sage, très rangé...

Tout son plaisir est de jouer au billard avec ma
femme!... il ne sort pas de la maison!... il est d'une
complaisance... d'une douceur!...

— En vérité? Parbleu! l'air de ce pays fait des
prodiges. Je suis impatient de l'embrasser...

— Va le trouver... il sera bien surpris de te
voir... il ne t'attend pas : oh! je n'ai rien dit, je
suis discret !...

— Allons, Benoît, conduis-moi près de ton
maître.

— Mais, monsieur, il m'a défendu...

— Morbleu ! il n'y a pas de défense pour son
oncle, imbécile! allons, marche devant!...

Le colonel suit Benoît, qui ne le conduit qu'en
tremblant ; de son côté, M. de Berly se prépare à
surprendre sa femme, qui ne l'attend que le lendemain.

On lui dit que madame est couchée, qu'elle est
malade, mais rien ne l'arrête ; quand il a quelque
chose en tête on ne peut le faire changer de des-
sein, et, persuadé qu'il va causer une surprise
agréable à son épouse, il monte avec vivacité à son
appartement.

La chambre à coucher de madame de Berly
était au premier et donnait sur le jardin, M. de
Berly entre dans le cabinet qui la précède... Il veut
aller plus loin, la porte est fermée en dedans ;
mais M. de Berly, qui ne fait pas chambre com-
mune, a une double clef, afin de pouvoir la nuit,
lorsque l'amour l'éveille, venir partager la couche
de sa femme.

C'est une terrible chose qu'une double clef !...
cela expose à bien des dangers. Il y avait pourtant
un verrou à la porte, mais on n'avait pas songé à

M. de Berly a une double
clef. (P. 55.)

le mettre: on était si
tranquille ! on croyait
le mari si loin !... Fu-
neste imprévoyance !...

M. de Berly va droit
au lit de madame... il
tire un rideau... et baise
le derrière de Gustave en
croyant baiser le sein de
sa moitié.

La tête de Méduse,
d'Euryale, de Scylla, les
yeux du basilic, du
sphinx, les dents de Cer-
bère, les griffes d'Asta-
roth, auraient produit
moins d'effet sur le pau-
vre époux que le der-
rière de Gustave.

Il demeure immobile...
les yeux fixes... la bouche

ouverte... les bras tendus.

Julie s'est fourrée sous la couverture ; mais Gustave, qui ne perd pas la tête, se lève, prend au
hasard quelques vêtements, ouvre la fenêtre et
saute dans le jardin : il tombe juste sur le dos de
son oncle, qui, après l'avoir inutilement cherché
dans sa chambre, parcourait les jardins avec Benoît, dans l'espoir de l'y rencontrer.

Le colonel tombe sur le nez ; Gustave, reconnaît
son oncle et n'en court que plus vite ; l'oncle reconnaît son neveu, il se relève et court après lui ;
Benoît reste ébahi en voyant son maître en chemise ; celui-ci gagne du terrain, il passe alors son

pantalon et son habit ; puis, franchissant les murs, les haies et les fossés, se met à courir dans la campagne où il aperçut Lucas et Zéphire, ainsi que j'ai eu l'avantage de vous le raconter au commencement de ce volume.

CHAPITRE VI

LE DIABLE ET LA VACHE NOIRE

— Comment! c'est toi, Benoît? dit Gustave en sortant sa tête de la mare et en regardant le cavalier qui le poursuivait depuis quelque temps et venait enfin de l'atteindre lorsque Zéphire s'était embourbé.

— Mon Dieu, oui, monsieur ; c'est moi qui galope après vous avec cet autre cheval que j'ai emmené aussi par précaution. Ah! dam'! c'est qu'il ne fait pas bon là-bas : votre oncle est d'une colère!... il jure, il crie encore plus fort que de coutume. Moi, quand j'ai vu cela...

— C'est bon, tu me raconteras tout cela dans un autre moment : tu vois bien qu'il faut d'abord me débarrasser de ces maudits canards... et relever ce brave homme qui, j'espère, n'est pas blessé.

Le père Lucas avait eu plus de peur que de mal. Gustave ne parvint qu'avec beaucoup de peine à lui faire voir qu'il n'avait rien de fracturé.

On le plaça sur Zéphire, dont la fougue était calmée... Le jeune homme monta sur le cheval que Benoît tenait en laisse, et l'on se remit de nouveau en route.

Gustave riait de la peur que Benoît lui avait faite, car il l'avait pris pour son oncle. Cependant lorsqu'il se reportait à l'événement de la soirée, lorsqu'il pensait à Julie, qu'il avait laissée dans une position si critique, il devenait sérieux et pensif.

— Comment aura-t-elle fait?... Voilà où ses réflexions le ramenaient sans cesse.

Il était bien persuadé que les femmes, qui ont toujours l'esprit du moment, savent se tirer des circonstances les plus difficiles ; mais il est des cas où tout l'esprit féminin ne peut rien, et madame de Berly se trouvait précisément dans cette fâcheuse position.

Cependant, comme notre héros n'était pas d'un caractère à s'affliger longtemps, il prend son parti, et réfléchissant que ses soupirs ne changeraient rien à ce qui était arrivé, il s'en remet à sa bonne étoile du soin d'arranger les événements.

Enfin on arrive à Ermenonville ; on passe plusieurs petits ponts (il y a beaucoup d'eau dans ce pays-là), on arrive devant une maison villageoise... ce qui, à Paris, s'appelle une bicoque. Lucas retrouve la parole en revoyant sa demeure, et Zéphire des jambes en approchant de l'écurie.

— Nous y v'là... morgué! ça n'est pas sans peine que j' sommes arrivés.

— Eh bien! père Lucas, nous réveillerons tout le monde.

On descend de cheval ; Gustave et Benoît frappent comme des sourds pendant que Lucas ap-

pelle à tue-tête : — Marie-Jeanne!... Suzon!... Nicolas Toupet!...

— Et votre femme, dit Gustave, vous ne l'ap-
pelez pas?...

— Oh! pas si bête!... je n'voulons pas la réveiller ; alle m'en voudrait !... Holà ! Marie-Jeanne !
Nicolas!...

On ouvre enfin une lucarne sur les toits.

— Est-ce que c'est vous ? demande une grosse
voix enrouée.

— Eh oui! Nicolas, viens m'ouvrir, mon garçon ;
mais prends garde de réveiller not' femme.

Au bout de dix minutes (car les paysans sont
lestes comme des poules mouillées), Nicolas ouvrit
la porte de la cour. Il pousse une grande exclamation en apercevant Gustave et Benoît.

— Ce sont des bourgeois de la ville qu'il faut
que nous logions, dit le père Lucas en conduisant
Zéphire à l'écurie, tu vas les mener dans la chambre
où couche not' cousin-germain Pierre Ledru quand
il vient ici, et demain not' femme dira si c'est bien.

Nicolas se disposait à obéir ; Gustave l'arrête.

— Est-ce que vous comptez nous envoyer coucher sans souper, père Lucas? Quant à moi, qui
n'ai pas mangé depuis trois heures après midi, et
qui depuis ce temps ai gagné beaucoup d'appétit,
je vous préviens que, si vous ne me donnez pas au
moins une omelette, je mets la maison sens dessus
dessous.

Le père Lucas était fort embarrassé ; sa femme
avait les clefs du buffet et du garde-manger. Pendant qu'il réfléchissait, on entendit un carillon
d'enfer dans une chambre au premier ; le bonhomme, reconnaissant la voix de sa femme, alla

se mettre derrière de vieilles futailles ; Nicolas entra dans l'écurie, et Benoît, qui n'était pas fort tranquille, se cacha dans l'étable. Gustave seul resta pour faire tête à l'orage.

Une petite femme, grosse, rouge et les yeux animés par la colère, descend quatre à quatre l'escalier du fond.

— Que signifie ce tapage au milieu de la nuit ?... Est-ce que ce polisson de Lucas croit que je souffrirai un tel désordre ?... Pourquoi n'a-t-il pas couché à Louvres ?... L'ivrogne !... me réveiller quand je dors ! il aura encore fait quelque sottise...

Comme madame Lucas achevait de parler, elle aperçut Gustave qui, tranquille au milieu de la cour, attendait que la villageoise se calmât.

Epouvantée à la vue d'un homme qui n'est pas du pays et dont la mise est plus que suspecte (la vase de la mare couvrait les vêtements de Gustave, et son visage était ensanglanté par suite des coups de patte et de bec que les canards lui avaient administrés), madame Lucas ne doute point que des voleurs ne soient entrés dans la maison ; elle pousse aussitôt des cris perçants, jette une fourche, une pioche et un balai à la tête de Gustave ; pendant que celui-ci se détourne pour éviter d'être atteint, elle sort de la cour et traverse le village en criant de toutes ses forces : — Au voleur... à l'assassin !

Les paysans dorment fort ; ceux d'Ermenonville ne répondaient pas aux cris de madame Lucas, elle prend le parti de jeter des pierres dans les carreaux et de crier qu'on va mettre le feu au village.

A ce mot de *feu*, qui regarde tout le monde (car un village est bientôt brûlé), les paysans s'éveillent

et accourent, tant il est vrai que nous entendons
toujours ce qui nous intéresse personnellement, et
que pour les maux des autres... mais point de réflexions ; madame Lucas est en chemise et en ca-
misole dans les rues d'Ermenonville ; et il ne faut
pas la laisser là.

— Où est le feu ?... où est le feu ?... demandent
les villageois à madame Lucas.

— Mes enfants, c'est bien pis que cela !... Je
crois que ce sont des Cosaques qui sont entrés dans
le village.

— Des Cosaques !...

— Oui vraiment : ils se sont déjà emparés de
ma maison !... et peut-être bien que ma petite
Suzon et Marie-Jeanne sont déjà...

— Faut aller les secourir ! disent toutes les
commères, qui ne craignent point les hasards de
la guerre.

Mais les hommes sont beaucoup moins empressés.
Ils proposent de se retrancher chez eux et d'y
attendre l'ennemi. Un des plus futés de l'endroit
fait observer qu'on ne parle pas de guerre depuis
longtemps et que ce ne sont pas des Cosaques que
madame Lucas a vus.

— Ce sont au moins des voleurs, reprend la
paysanne, ils ont fait un tapage d'enfer et enfoncé
ma porte ; j'croyais que c'était mon homme qui
revenait de Louvres, et je descendais pour lui laver
la tête... quand je me sommes trouvée nez à nez
avec un grand homme rouge et noir...

— Ah ! mon Dieu ! c'est le diable, disent les
femmes.

— Vous avez dû lui voir des griffes et une
queue ?...

— Je n'ons pas vu positivement sa queue, mais je crois bien qu'il en avait une ? Pour ses yeux, ils brillaient ni plus ni moins que des charbons de brasier !

— Faut voir ça ! disent les hommes, qui craignent moins le diable que les Cosaques.

— Faut éveiller M. le curé, disent les femmes, pour qu'il vienne chasser le démon.

Les villageois s'arment de fourches, de pioches, de pelles, de bêches, de tout ce qu'ils trouvent, ils forment un bataillon très serré ; madame Lucas se met au centre, les autres femmes à la queue, et l'on se met en marche pour combattre le diable, qui est venu réveiller les habitants d'Ermenonville.

Cependant Gustave, après avoir évité le manche à balai de madame Lucas, se décide à entrer dans la maison et à se servir lui-même à souper sans s'embarrasser des cris de la paysanne et de la terreur du pauvre mari, qui n'ose pas sortir de dessous les futailles.

Benoît s'en tenait à son étable ; il avait attrapé le pis d'une vache et il se régalait de lait pendant que l'alarme était partout. Quant à Nicolas, les cris de sa maîtresse l'avaient frappé de terreur ; et croyant aussi que des voleurs étaient dans la maison, il n'osait plus sortir de l'écurie et se tenait couché à plat ventre à côté de Zéphire.

Notre jeune héros monte l'escalier du fond, il grimpe deux étages, il écoute... il entend du bruit ; il ouvre une porte qui n'était fermée qu'à peine ; on pousse un cri...

Gustave a reconnu la voix d'une femme ; il avance... il trouve un lit... il tâtonne... il s'assure

que quelqu'un est couché là... ce quelqu'un est
une paysanne sans doute ; mais cette paysanne a
des appas fermes, des formes rondelettes, et elle se
laisse tâter si complaisamment !

— Ma foi ! dit Gustave, je vais essayer de
l'attendrir ; peut-être obtiendrai-je ensuite qu'on
me fasse une omelette.

Et oubliant Julie, qui sans doute pleure, se dé-
sole et le regrette, Gustave s'amuse avec Marie-
Jeanne !... voilà les hommes : croyez donc à leur
fidélité !

Les paysans armés arrivent devant la maison du
père Lucas au moment où il se décidait à quitter
ses futailles : le cher homme, effrayé par le bruit
qu'il entend, se jette tout effaré au milieu de la
foule.

— En v'là déjà un ! s'écrie madame Lucas ;
tombez-moi dessus ! voyez-vous qu'il est rouge
et noir.

En effet, Lucas, noir d'abord par la crotte qu'il
avait ramassée dans le bourbier, venait de se frotter
contre des futailles fraîchement vidées et encore
empreintes de lie de vin : le pauvre homme n'était
pas reconnaissable. On se jette sur lui à coups de
bâton ; il crie et se sauve. Pendant qu'on le poursuit, sa femme entre dans la cour à la tête des
plus hardis de l'endroit ; elle appelle Suzon... c'est
la fille du père Lucas, et la mère craint que le
diable ne l'ait déjà emportée.

Suzon ouvre sa fenêtre ; elle demande pourquoi
tout ce tapage : on lui apprend que l'esprit malin
s'est glissé chez ses parents.

La jeune fille ne veut pas rester seule dans sa
chambre, elle croit déjà voir Satan sur son lit

Comme les fenê-
tres ne sont pas
élevées, elle passe
une jambe, puis
l'autre, et se
laisse glisser...
mais un clou re-
tient le pan de
sa chemise et le
joli derrière de
Suzon se trouve
exposé en espa-
lier.

— Fermez les
yeux ! crie la
mère Lucas. Les
rustres, au con-
traire, lèvent
leurs flambeaux
afin de mieux
distinguer les
objets...

— Ah ! ma mère
s'écrie Suzon, je
suis sûre que
c'est le diable
qui retient ma
chemise... M. le
maître d'écoledit
que c'est tou-
jours par là qu'il
agrippe les filles.

*Et le joli derrière de Suzon se trouve
exposé en espalier. (P. 65.)*

— Attends, mon enfant ; il y a une échelle dans

l'étable ; j'allons te décrocher... Compère Thomas, allez donc nous la chercher.

Thomas s'avance vers l'étable, dont la porte était poussée ; il ouvre... aussitôt une vache noire en sort, renverse Thomas et s'élance furieuse au milieu des villageois en poussant des beuglements épouvantables.

On doit se rappeler que Benoît s'était réfugié dans l'étable ; et qu'aimant beaucoup le lait chaud il s'occupait à presser le pis d'une vache qui ne pouvait alors avoir beaucoup de lait, puisque Marie-Jeanne avait coutume de la traire tous les soirs.

Benoît, voulant à toute force se désaltérer, pressait tant qu'il pouvait les mamelles de la pauvre bête, qui finit par se lasser de ce manège.

Déjà des mugissements sourds annonçaient l'impatience et la colère de l'animal. Benoît, ne sachant pas quelle vache mugissait, continuait à pressurer les pis de celle qu'il tenait ; il allait être victime de sa gourmandise lorsque Thomas, ouvrant la porte de l'étable, changea l'ordre des événements.

Les paysans, épouvantés en voyant au milieu d'eux une vache furieuse au moment où ils cherchent un diable, ne doutent point que la pauvre bête ne soit possédée du démon. C'est justement une vache noire, et vous savez, ou vous ne savez pas, que les esprits malfaisants aiment beaucoup cette couleur-là.

C'est avec une poule noire que l'on conjure les démons, les farfadets, les lutins. A la vérité, la maréchale d'Ancre fut brûlée à Paris pour avoir tué un coq blanc dans la pleine lune ; mais nul doute que si le coq eût été noir les diables eussent pu sauver la maréchale.

Les poètes ont adopté cette couleur pour tâcher d'avoir le diable au corps, car Voltaire a dit qu'il fallait être endiablé pour faire de bonnes pièces ; il appelle même les ouvrages dramatiques des *œuvres du démon.*

Les médecins sont en noir, quelques plaisants ont dit qu'ils portaient le deuil de leurs malades ; je crois, au contraire, que c'est pour se rendre le diable favorable et pour qu'il leur enseigne les moyens de guérir la peste, la gale, la lèpre, l'hydropisie, l'épilepsie, la phtisie, la manie et autres jolies maladies qui certes ne nous viennent que de l'enfer.

Les magiciens enfin portent de longues robes noires !... Vous allez peut-être me demander ce que c'est que des magiciens.

Je vous répondrai que ce sont des gens qui prétendent renverser l'ordre de la nature, c'est-à-dire faire la chose impossible.

A la vérité, je n'ai jamais vu de sorciers ; mais il faut bien qu'il y en ait eu, puisque jadis on a vu en Europe une jurisprudence établie sur la magie, comme nous en avons aujourd'hui sur le vol et sur le meurtre ; et les peuples ne pouvaient manquer de croire aux magiciens, puisque les magistrats y croyaient.

Il paraît que les sorciers aimaient à se faire cuire; car, tant qu'on en a brûlé, on en a vu sortir de tous les coins de la terre.

Aujourd'hui que l'on se contente de les mettre aux Petites-Maisons, on ne voit plus ni sorciers ni magiciens. Nous avons quelques tireuses de cartes, quelques diseurs de bonne aventure : voilà tout, et encore le métier tombe tous les jours.

Les villageois se poussent, se pressent, se renversent et laissent tomber leurs flambeaux. La vache furieuse sort de la cour et va se promener dans le village. Suzon remonte et se met à califourchon sur sa fenêtre, flottant entre la crainte du diable et de la vache noire.

Les paysans ne voient plus clair, ce qui augmente leur terreur. Cependant la mère Lucas ranime leurs esprits, leur assure que la vache est partie, que le diable a probablement pris la fuite dans le corps de l'animal, et qu'il ne s'agit plus que de rétablir la paix dans la maison.

Pour cela il faut commencer par y voir ; et, pour se procurer de la lumière, on monte à la chambre de Marie-Jeanne, qui a un briquet et de l'amadou. C'est la mère Lucas, à la tête des moins poltrons, qui se décide à grimper à la mansarde.

On arrive devant la porte de Marie-Jeanne ; on entend des plaintes, des soupirs, des gémissements étouffés.

— Ah ! morguenne, dit la mère Lucas, v'là le diable qui s'empare de Marie-Jeanne !

Les paysans n'osent pas ouvrir la porte ; ils se serrent les uns contre les autres.

— Dis donc, Marie-Jeanne, crie la paysanne, est-ce que le diable est entré dans ta chambre ?...

— Oui... oui..., mais laissez-moi faire... j'saurai ben le combattre toute seule...

— Prends garde qu'il n'entre dans ton corps... il prend toute sorte de formes ; retiens ben ta respiration !...

— Il est déjà entré trois fois, mais il ne

reste pas !... J'savons ben le chasser... Tenez,
c'est fini... le v'là qui sort...

Les villageois, qui s'attendaient à voir Satan
sortir de la chambre et sauter sur eux à coups
de griffes, dégringolent les marches de l'escalier
et reviennent plus effrayés dans la cour, où une
autre terreur leur était réservée.

Les femmes, qui étaient restées près de l'étable,
persuadées que le diable venait de se sauver sous
la forme d'une vache, voulurent, pour s'assurer
de la vérité, regarder si la vache noire était effec-
tivement partie : le jour commençait à poindre,
mais on distinguait difficilement les objets.

Quelques paysannes se trompent et vont dans
l'écurie, les autres entrent bien dans l'étable ; elles
avancent, marchent sans regarder à leurs pieds et
attrapent, les unes la tête de Benoît, les autres
les jambes de Nicolas. Ces messieurs s'étaient
endormis sur le fumier... Ils poussent des cris en
se sentant marcher sur le corps.

Les villageoises se sauvent en criant plus fort ;
elles croient avoir marché sur des lutins. C'est
dans ce moment que les paysans, effrayés par les
discours de Marie-Jeanne descendaient l'escalier
quatre à quatre.

— La maison est pleine de sorciers, disent les
femmes. Le diable est entré trois fois dans le corps
de Marie-Jeanne, disent les hommes. Ne restons
pas ici !... sauvons-nous !... tel est le cri général.

Suzon remet ses deux jambes en dehors de la
fenêtre, elle saute et cette fois arrive à terre ; elle
pousse Thomas, Thomas pousse la mère Lucas, qui
pousse le tonnelier ; celui-ci pousse la fruitière,
qui pousse l'épicier, et ainsi de suite. En se pous-

sant les uns sur les autres, ils arrivèrent devant le château : là, ils cessèrent de se pousser ; et ils firent bien, car ils seraient tombés dans l'eau dont cet endroit est entouré.

CHAPITRE VII

ERMENONVILLE. — MARIE-JEANNE. — SUZON

Si l'on raisonnait avant de s'abandonner à une terreur panique, si l'on s'écoutait avant de se disputer, si l'on réfléchissait avant de faire une sottise, si l'on se connaissait bien avant de se marier, alors les enfants n'auraient plus peur de Croque-Mitaine, les jeunes filles ne trembleraient plus en descendant à la cave, les villageois passeraient la nuit devant un cimetière sans serrer les fesses et fermer les yeux ; les jolies femmes liraient le soir, sans frémir, les romans de lord Byron et d'Anne Radcliff ; les Sarmates, les Hongrois et les Moldaves ne croiraient plus aux vampires, les Ecossais à la double vue, les nourrices aux loups-garous, et tous les esprits faibles aux revenants, aux fantômes et aux apparitions.

Alors on verrait moins de guerres, parce que les souverains auraient des ambassadeurs qui ne s'occuperaient pas à se dépasser dans les promenades (ce qui jadis fit couler bien du sang) ; et que si

cela leur arrivait, ils tâcheraient d'en rendre leurs
cochers responsables, et non une populace entière,
qui est obligée de prendre les armes parce qu'un
cheval en a passé un autre.

Les gens qui ont dîné et passé la soirée ensemble,
ne ressembleraient pas tout à coup à des coqs
furieux, parce que la politique deviendrait le sujet
de la conversation ; deux jeunes gens n'iraient pas
se couper la gorge ou se brûler la cervelle, parce
que l'un aurait marché sur le pied de l'autre ;
alors un jeune homme ne chercherait pas à séduire une fille honnête qu'il ne voudrait pas épouser ; un homme marié n'irait pas avec des courti-
sanes qui peuvent lui donner des galanteries qu'il
rapportera à sa femme ; on n'irait pas à la roulette
compromettre son honneur et vider sa bourse en
faveur de messieurs les fermiers des tripots ; on
ne mettrait pas à la loterie pour faire plaisir au
gouvernement, et on ne fréquenterait pas les
grandes réunions où l'on prodigue le punch, les
glaces et les sorbets, que vous payez cent fois en un
tour de creps ou d'écarté.

Alors un vieillard n'épouserait pas une jeune
fille ; un jaloux, une coquette ; une femme sensible, un libertin ; une femme rangée, un ivrogne ;
une femme aimable, un sot ; et un homme d'esprit,
une dévote.

Alors il y aurait quelques bons ménages et les
enfants ne ressembleraient pas si souvent aux
amis de la maison.

Enfin, si madame Lucas était descendue tranquillement, alors son mari ne se serait pas caché
derrière les futailles, Benoît dans l'étable, Nicolas
à l'écurie ; elle n'aurait pas pris Gustave pour un

voleur ou un diable, et tous les habitants d'Ermenonville auraient passé la nuit dans leur lit.

Lorsque les paysans furent éloignés, Gustave
descendit avec Marie-Jeanne (à qui il avait fort
bien fait voir ce qu'il était, et qui n'avait nullement peur de lui).

Il trouva dans la cour Benoît et Nicolas, qui
sortaient de leur chambre à coucher. On se raconta
mutuellement ce qu'on savait. La grosse Marie-
Jeanne rit beaucoup de la frayeur de sa maîtresse ;
Gustave se débarbouilla le visage pendant que Benoît nettoyait son habit ; Nicolas Toupet était fort
inquiet de son maître et de mademoiselle Suzon.

Bientôt on entendit un grand cri dans la rue :
c'étaient les villageois qui revenaient ; mais comme
il faisait alors grand jour et que Marie-Jeanne
assura à Gustave qu'il était trop gentil pour faire
reculer les commères de l'endroit, notre héros
attendit tranquillement l'arrivée de ceux qu'il avait
tant effrayés.

Les villageois devinrent courageux avec le jour ;
ils étaient déjà décidés à retourner visiter la maison ensorcelée, lorsqu'en rentrant dans la grande
rue ils aperçurent un paysan conduisant une vache
noire.

— V'là la bête noire ! disent les paysannes.

— C'est mon mari ! s'écrie madame Lucas.

C'était en effet le père Lucas qui, après s'être
débarbouillé et lavé dans un des fossés du château,
afin de ne plus être pris pour un voleur, retournait
chez lui avec sa vache noire, qu'il avait rencontrée
se promenant toute seule dans les rues d'Ermenonville.

On s'aborda et on s'expliqua. Le père Lucas se

plaignit des coups de bâton qu'il avait reçus, il raconta sa rencontre avec le jeune étranger, sa chute dans la mare et son arrivée au village au milieu de la nuit.

On commença à comprendre que le diable n'était pour rien dans tout cela. La mère Lucas gronda son mari de lui avoir amené un jeune homme qui mettait tout le monde en rumeur ; mais lorsqu'elle sut que ce jeune homme était riche, puisqu'il avait un valet et puis deux chevaux, lorsqu'elle apprit surtout qu'il paraissait généreux et disposé à bien payer ses hôtes, sa colère se calma ; elle devint d'une humeur charmante, et elle permit à son mari de l'embrasser en dédommagement des coups qu'il avait reçus.

On arriva à la maison, théâtre des évènements de la nuit. Le ton, la mine et les manières de Gustave achevèrent de dérider madame Lucas (notre jeune homme était en fonds) ; Benoît avait apporté une partie des vêtements de son maître, et dans un gilet se trouva fort heureusement la bourse renfermant les deux cents louis que le colonel avait envoyés à son neveu et que celui-ci n'avait pas eu occasion de dépenser chez madame de Berly.

Notre héros, qui vit bien qu'il fallait plaire à madame Lucas avant tout, lui mit un louis dans la main pour lui faire oublier la peur qu'il lui avait causée bien involontairement.

Alors tout fut en l'air dans la maison pour bien traiter celui qu'on avait manqué tuer à coups de pelle et de balai.

On l'installa dans la plus belle chambre, on lui prépara un déjeuner, et on offrit à Benoît de traire lui-même les vaches; et de boire du lait depuis le matin jusqu'au soir si cela pouvait lui faire plaisir.

Une seule chose tourmentait encore un peu les paysannes et même madame Lucas : que voulait dire Marie-Jeanne avec son combat et son diable qui lui était entré trois fois dans le corps? il y avait donc eu quelque chose d'extraordinaire dans la maison. On fait venir la servante et on l'interroge.

— Pardine!... répond Marie-Jeanne, je me souviens ben à présent que j'faisions un mauvais rêve et que j'avions un cauchemar qui m'étouffait, quand vous êtes montés et que vous m'avez réveillée en sursaut!... Ma fine!... alors, j'crois que c'est tout bonnement mon rêve que j'vous avons conté.

Les villageois rient à se tenir les côtes de leur frayeur, et du rêve de Marie-Jeanne, qui rit aussi de ce qu'elle a dit et peut-être de ce qu'elle a fait. Enfin le calme est rétabli, et chacun retourne à sa besogne journalière.

Gustave après avoir bien déjeuné se retire dans sa chambre avec Benoît, et ordonne à son domestique de lui raconter le mieux qu'il pourra ce qui s'est passé chez madame de Berly après sa fuite.

— Dam', monsieur, répond Benoît ; je vais vous dire ce que j'ai vu et entendu. D'abord votre oncle, que vous aviez jeté à terre en tombant par une fenêtre, s'est relevé pour courir après vous ; mais, bah! vous alliez si vite qu'il a bien vu qu'il ne pourrait pas vous atteindre.

Alors revenant vers moi, il m'a demandé depuis quand vous étiez devenu fou : car en vous voyant sauter, en chemise, les haies et les fossés, il pensait

que vous aviez perdu la raison. Dans ce moment-là
M. de Berly est accouru d'un air tout effaré et
a crié à M. votre oncle, du plus loin qu'il l'a aperçu :
Votre neveu m'a fait cocu ! je viens de le trouver
couché avec ma femme !...

— J'en étais sûr, a dit tout de suite M. le colonel ; j'aurais parié que le drôle se moquait de
vous, de votre nièce et de moi !... Alors, M. votre
oncle a juré, dam' !... comme il jure quand il est
en colère. M. de Berly faisait de grandes exclama-
tions, dans lesquelles il mêlait sa femme, le
mariage et la salle de billard.

Moi, je m'en retournais vers la maison, lorsque
j'ai rencontré la cuisinière... vous savez, monsieur,
celle qui m'a fait mettre de l'oseille sur... mon
écorchure : c'est une bonne femme au fond, et
qui vous aime beaucoup, monsieur, car elle m'a dit
en m'apercevant : — Eh bien ! imbécile : est-ce
que tu vas laisser ton maître courir sans vêtements dans la campagne ? Monte de suite à sa
chambre, prends ses effets, son argent, va ensuite
à l'écurie, monte ton cheval, tiens celui de ton
maître en laisse, et galope après lui ; on t'indi-
quera facilement la route qu'il a prise : un homme
nu, ça se remarque. J'ai fait ce que la cuisinière
m'a dit, monsieur, et vous savez où je vous ai rat-
trapé.

— C'est bon, Benoît ; maintenant laisse-moi,
mais tant que nous resterons dans cette demeure,
ne t'avise plus de traire les vaches sans ma permission.

— Soyez tranquille, monsieur, j'ai eu trop
peur !... Je ne voudrais pas seulement traire un
mouton...

Gustave, resté seul, réfléchit sur ce qu'il doit faire ; il n'y avait pas moyen d'entretenir une correspondance avec Julie, qui d'ailleurs était gardée à vue.

Cependant, il brûlait de lui faire savoir qu'il l'adorait toujours : cette assurance devait être une consolation pour celle qui lui avait sacrifié son repos et sa réputation.

— Il faut écrire, dit Gustave ; peut-être ensuite, par l'entremise de cette bonne cuisinière, trouverai-je le moyen de lui faire tenir ma lettre. Mais je ne puis charger Benoît de cette commission... il est trop gauche, il ferait quelque bévue... les paysans ne s'entendent guère à servir une intrigue...

Eh ! parbleu ! j'irai moi-même, en ayant la précaution de me déguiser. Mais il faut attendre que les premiers moments soient passés ; alors la vigilance du mari se ralentira, et je réussirai plus aisément. Passons huit jours à Ermenonville... huit jours !... pauvre Julie ! c'est bien long... mais il le faut. Dans huit jours mon oncle sera retourné à Paris, et je ne craindrai plus de le rencontrer.

Ce plan arrêté, il s'agit de savoir ce qu'on fera, dans un village, pendant huit jours. Mais ce village est Ermenonville, dont le nom seul rappelle de touchants souvenirs, et dont la situation enchanteresse séduirait l'homme le moins champêtre. Joseph II y a dîné dans une chaumière, Gustave III l'a visité, Jean-Jacques Rousseau y a passé les derniers instants de sa vie, M. de Saint-Réal peut bien s'y plaire quelques jours.

Et puis, il y a une certaine Marie-Jeanne qui se

bat très bien avec le diable, et une petite Suzon,
dont la jolie mine distrait des souvenirs d'un
amour contrarié. Allons, notre jeune homme ne
s'ennuiera pas à Ermenonville.

— Commençons par faire connaissance avec ce
pays, dit Gustave. Il trouve madame Lucas qui

— Madame Lucas, je voudrais parcourir le village
et ses environs. (P. 78.)

plumait des pigeons tandis que son mari donnait à
manger aux poules.

— Madame Lucas, je voudrais parcourir le village et ses environs...

— Est-ce que monsieur ne connaît pas not' endroit ?

— Non, madame Lucas ; je suis venu exprès pour

faire connaissance avec lui, et j'ai préféré le séjour
d'une maison tranquille à celui d'une auberge où
l'on est souvent fort mal.

— Vous avez bien fait, monsieur ; oh ! vous pouvez demeurer cheux nous tant qu'il vous plaira ; ça
ne nous gênera pas, au contraire.

— Je vous remercie, madame Lucas.

— Vous serez enchanté du pays... oh ! vous verrez de belles choses !...

— Celles que j'ai déjà vues m'ont semblé bien.

— Bah ! vous êtes arrivé la nuit !... vous n'avez
rien pu voir. C'est le parc du château qu'est joli !

— Pourrai-je y entrer ?

— Oui-dà !... ma fille vous conduira... le château
n'est habité, pour le moment, que par le concierge... Suzon, Suzon !...

— J'allons conduire monsieur, dit Marie-
Jeanne en s'avançant.

— Non, non !... faut que tu fasses du beurre et
du fromage ; Suzon ira.

Marie-Jeanne n'est pas satisfaite de la préférence
donnée à Suzon ; elle se remet au fromage avec humeur.

La petite fille met son joli bonnet, son tablier
des dimanches, et se dispose avec joie à conduire
le beau monsieur ; mais la maman, qui pense
qu'elle fera plaisir à son hôte en l'accompagnant,
ordonne à son mari de plumer les pigeons, de
veiller sur le dîner, et se dispose à suivre sa
fille ; la petite d'ailleurs pourrait ne pas être en sû-
reté avec un jeune monsieur de la ville, qui paraît
bien honnête à la vérité, mais qui a l'air bien éveillé
près des jolies filles.

Et puis, que dirait Nicolas Toupet, si, à son re-

tour des champs, il apprenait que Suzon est allée
se promener seule avec l'étranger? Et vous saurez
que Nicolas Toupet est le prétendu de mademoiselle
Lucas.

Il fallut donc avoir la compagnie de la maman.
Suzon aurait préféré être seule avec le jeune
homme, sans trop savoir pour quelle raison, et Marie-Jeanne, au contraire, fut contente de ce nouvel
arrangement.

Quant à Gustave, il regardait Suzon, qui avait
seize ans, des yeux bleus, de jolies dents, une
bouche bien fraîche et des cheveux très noirs. Il
soupirait en regardant madame Lucas mettre son
tablier ; il aurait soupiré bien davantage s'il eût vu
la veille Suzon accrochée par sa chemise, et mon-
trant des appas près desquels toutes les Marie-
Jeanne devaient pâlir !

On part, on traverse une partie du village, et,
chemin faisant, Gustave remarque que tous les habitants ont des dents charmantes ; ce qu'il est permis d'attribuer à la salubrité de l'eau.

On entre dans le parc du château. Quel séjour
enchanteur !... des ombrages frais, des gazons superbes, des ruisseaux qui serpentent et se croisent,
des cascades, des grottes solitaires, des prairies
émaillées de fleurs, un lac qui baigne les murs du
château, et sur les bords duquel s'élève une tour
antique entourée de lierre et de buissons de chèvrefeuille.

D'une rotonde en avant de la tour dite *tour de
Gabrielle*, on découvre un délicieux paysage ; une
vieille armure est placée sur le devant de la rotonde : tout en ces lieux rappelle les anciens pala-
dins et le temps des tournois et de la chevalerie.

Quel dommage que ce monument menace de s'écrouler !

Au bas de la tour, un bac fixé à deux cordes qui vont de l'une à l'autre rive, et qui coulent sur de petites roulettes de cuivre, vous offre la facilité de passer et de repasser en tirant vous-même une des cordes qui retient le bac.

Dans la partie appelée *le Désert*, vous apercevez la maisonnette de Jean-Jacques, située sur une éminence d'où la vue découvre tout le pays. Cette maisonnette tombe aussi en ruines. Ne devrait-on pas conserver ce qui peut rappeler le souvenir d'un grand homme ?

Sous une grotte, qu'un ruisseau environne, Gustave copie les vers suivants :

O limpide fontaine! ô fontaine chérie!
 Puisse la sotte vanité
Ne jamais habiter ta rive humble et fleurie!
Que ton simple sentier ne soit point fréquenté
 Par aucun tourment de la vie,
 Tels que l'Ambition, l'Envie,
 L'Avarice et la Fausseté.
Un bocage si frais, un séjour si tranquille
Aux tendres sentiments doit seul servir d'asile.
Ces rameaux amoureux, entrelacés exprès,
Aux Muses, aux Amours, offrent leur voile épais,
 Et le cristal d'une onde pure
 A jamais ne doit réfléchir
 Que les grâces de la nature
 Et les images du plaisir.

— Si Julie était avec moi, pensait Gustave, alors je renverrais Suzon et sa mère, je m'assiérais sur ce banc de mousse... où tant d'autres ont été heureux, à en juger du moins par les inscriptions dont la pierre est couverte ?... Les amants sont bien indiscrets !... Est-il nécessaire que les étrangers, que tous ceux qui se promènent, enfin, sachent que monsieur et madame ¨¨¨ sont venus là se faire l'amour?... Au moins ne mettez que vos noms de baptême.

On sort du parc, on passe de l'autre côté du château : c'est là qu'est l'île des Peupliers où repose Jean-Jacques.

Pour arriver à cette partie du lac, il faut traverser un vieux bâtiment qui fut jadis un moulin à eau, et qui maintenant n'est plus habitable.

On se trouve sur un chemin bordé de saules et entouré d'eau de tous côtés ; on trouve devant l'île un batelet qui vous donne la facilité d'aller visiter le tombeau de *l'homme de la nature;* c'est ainsi du moins qu'il est nommé sur le simple monument qui renferme ses cendres.

Une petite inscription, attachée à un pieu, invite ceux qui visitent l'île des Peupliers à ne rien écrire sur le tombeau de Jean-Jacques. Cette inscription n'a point été respectée, car la manie de mettre son nom sur les monuments curieux devient une chose nécessaire, indispensable : on a bien soin d'emporter un couteau ou un canif lorsqu'on va visiter les Catacombes, les Augustins, les tombeaux de Saint-Denis, etc... Passe encore pour les grottes, les bosquets ; mais quel charme peut-on trouver à lire Philippe, François, Justine, à côté de Jean-Jacques Rousseau !

Il y a en Allemagne, en Suisse, en Angleterre, dans les auberges situées près d'un site remarquable, des carnets destinés à recevoir les pensées en vers ou en prose des voyageurs ; ces carnets, sur lesquels on vous engage à écrire quelque chose, sont rarement renouvelés : c'est qu'il est plus facile d'écrire son nom qu'une pensée.

Après s'être promenés quelque temps sur l'eau, Gustave et ses conductrices reprirent le chemin de la maisonnette où les attendait un bon dîner.

On se met à table : là, point de cérémonie, d'étiquette, de contrainte : Suzon, ses parents, Gustave, Marie-Jeanne et Nicolas Toupet se placent à la même table. Pour Benoît, toujours pénétré de ses devoirs, il veut rester derrière son maître pour le servir, et ce n'est qu'avec beaucoup de peine que Gustave le fait consentir à s'asseoir dans un coin, sur un bout de table, où on lui donne à dîner.

La mère Lucas, qui est un peu médisante, raconte à Gustave, pendant le repas, toutes les aventures du pays et l'histoire de ses voisins : elle ne s'interrompt que pour ordonner à son mari de verser à boire et à Suzon de se tenir droite.

La petite se trouvait placée à côté du monsieur, qui la regardait en souriant ; ce qui la faisait rougir ; car à la campagne on a moins l'habitude de ces choses-là qu'à la ville.

La mère Lucas en était à l'histoire de la menuisière qui avait placé sa fille à Paris pour en faire une grande dame. — Pour vous achever, monsieur, dit-elle après avoir rempli l'assiette de Gustave, qui déjà ne pouvait plus avaler, vous saurez donc que c'te fille a trouvé à Paris la pie au nid !... Buvez donc, monsieur... A vot' santé, si vous voulez ben permettre...

V'là, sans qu'on sache trop comment, qu'elle a une voiture à deux chevaux... Lucas, donne donc à boire, au lieu de rester là sans rien faire... Vous ne mangez pas, monsieur... Mais, ce qu'il y a de

plus drôle, pour vous finir, c'est que c'te belle
demoiselle...

Lève donc ta tête, Suzon... Eh ben! elle est venue en calèche visiter le pays... Verse donc, Lucas... Encore un morceau, monsieur... Et croiriez-
vous qu'elle n'a pas été loger chez ses parents? ah
ben oui... elle avait un ton de princesse!... Vous
ne mangez pas, monsieur... Lucas, qu'est-ce que
tu fais donc? au lieu de faire boire monsieur...

Aussi, quand on a vu ça dans le pays, dam'! on
s'est moqué des parents qui ont voulu faire une
dame de leur fille... A vot' santé, à celle de madame vot' mère, de monsieur vot' père, de vos
amis et connaissances... Et vous conviendrez qu'on
avait raison, car, comme dit c't'autre : C'ti-là qui
veut péter, sauf vot' respect, plus haut que le cul,
c'ti-là, dis-je...

La mère Lucas fut interrompue par Nicolas,
qui jeta un cri et poussa un gros jurement en di-
sant qu'on lui avait marché sur son ognon. Le père
Lucas, qui était en train de verser à boire, laissa
tomber la bouteille sur la table ; le vin coula dans
un plat de gibelotte ; Marie - Jeanne se mordit
la langue pour ne pas rire, Benoît avala de travers.

On quitta la table ; madame Lucas fit une scène
à son mari sur sa maladresse. Gustave causait avec
Suzon, mais Marie-Jeanne ne les perdait pas de
vue. Une paysanne a des passions comme une dame
de la ville ; les passions donnent quelquefois de
l'esprit aux sots, et rendent des gens d'esprit bien
bêtes.

L'après-dînée, Gustave alla se promener seul
dans les bois : il pensa à Julie et au moyen qu'il

emploierait pour lui faire remettre une lettre.

La vue des ombrages, des tapis de verdure, lui rappelle la jolie salle de billard et les douces leçons que son élève recevait si bien ; il maudit surtout son imprévoyance. Ah ! si le verrou eût été mis !...

En revenant au village, il pense à Suzon, à son air timide, à son maintien innocent.

— Allons, dit-il, j'ai eu tort de lui pousser le genou et de lui marcher sur le pied... Cette petite est la pudeur même, et je vais lui donner des idées !... je la fais rougir !... ah ! c'est mal !... J'aime les femmes, c'est fort bien ; je suis inconstant !... ce n'est pas ma faute ; je fais un mari cocu ; si je ne le faisais point, un autre le ferait pour moi !... C'est même rendre service aux époux que mettre leurs femmes à l'épreuve : celle qui n'est sage que faute d'occasion n'a pas grand mérite ; mais il ne faut pas séduire une fille innocente et risquer de faire le malheur de sa vie. Quoiqu'on me nomme mauvais sujet, je n'ai point à me reprocher de pareils travers.

Quant aux demoiselles qui ne demandent qu'à être séduites, et qui, en sortant de leur pension, ont en théorie ce qui leur manque en pratique, pour celles-là il est permis de les attaquer ; elles savent ce que désire un amant, et ce qu'elles ont à faire.

Gustave revient donc chez Lucas avec la ferme résolution de ne plus faire rougir Suzon, ce qui d'ailleurs pouvait donner de l'ombrage à Nicolas Toupet, auquel c'était assez d'avoir marché sur le pied.

On attendait le jeune monsieur pour souper. Chez les villageois, on ne connaît, dans la semaine, que trois choses : travailler, manger et dormir.

Gustave mange, il n'a rien de mieux à faire ; puis il monte à sa chambre pour réparer par le sommeil la fatigue des journées précédentes.

Marie-Jeanne le regarde monter l'escalier de sa chambre ; elle cherche à lire dans ses yeux ; mais le jeune homme, qui a besoin de repos, ne fait point attention aux œillades de la grosse fille ; il entre et s'enferme chez lui.

On envoie Benoît dans une chambre sur les toits, près de celle où couche Nicolas Toupet, et chacun va chercher le sommeil que les événements de la nuit précédente n'ont pas permis de goûter.

Marie-Jeanne seule ne se sent aucune envie de dormir : elle se couche cependant, mais elle écoute... elle attend... elle espère.

La grosse fille était de force à se battre chaque nuit avec le diable, et puis elle n'avait pas, comme Gustave, couru plusieurs lieues à cheval, sauté par une fenêtre, tombé dans une mare, etc.

Mais la nuit s'écoule, et personne ne vient !... Vous le savez, lecteur :

> Désir de fille est un feu qui dévore.

Or, comme on ne peut pas dormir lorsqu'on brûle, Marie-Jeanne saute à bas de son lit ; elle se persuade que Gustave l'attend de son côté ; elle croit même qu'il lui fait signe d'aller le retrouver ; d'ailleurs, c'est une politesse qu'elle lui doit et qui ne saurait lui déplaire. Passant alors un simple jupon, elle ouvre sa porte et descend : elle n'a pas besoin de lumière ; elle connaît tous les détours de la maison.

La grosse fille arrive devant la porte de la chambre où couche le jeune étranger ; elle frappe doucement d'abord, puis plus fort, puis encore plus fort. Gustave s'éveille enfin :

— Qui est là ? demande-t-il sans se lever.

— C'est moi, monsieur.

— Qui, vous ?

— Vous savez ben... c'est moi qui... avec qui... l'autre nuit... sans voir clair...

— Ah ! c'est toi, Marie-Jeanne ! eh ! que diable me veux-tu ?...

— Tiens, c'te question ! pardi !... je viens pour... je viens parce... parce que vous ne veniez pas...

— Ah ! ma chère amie ! le diable ne va pas toutes les nuits tenter les filles... les démons ne sont pas de fer, et celui qui t'a tourmentée hier a besoin de dormir aujourd'hui. Bonne nuit, Marie-Jeanne.

La pauvre fille reste interdite devant la porte qui ne doit pas s'ouvrir pour elle.

La douleur, le dépit l'agitent ; la jalousie ne tarde pas à se mettre de la partie ; une idée en fait naître une autre ; elle se rappelle la manière dont Gustave regardait Suzon, ses soins, ses attentions pour elle, la rougeur de la jeune fille, et le coup de pied que Nicolas a reçu sous la table.

— Allons, dit-elle, ils s'aiment, ils sont d'intelligence... et puisqu'il ne veut pas m'ouvrir la porte, c'est que... Eh mais ! quel soupçon si elle était maintenant avec lui !... Ah ! morgué ! faut que je sache c' qui en est.

Marie-Jeanne appuie son oreille contre la serrure ; elle se baisse pour regarder sous la porte... elle se persuade entendre parler, remuer, soupirer.

Afin d'être sûre de son fait, elle se décide à aller frapper à la porte de Suzon : si la jeune fille ne répond pas, nul doute alors qu'elle ne soit dans la chambre du monsieur ; et, dans ce cas, Marie-Jeanne est bien déterminée à réveiller toute la maison, et Nicolas Toupet le premier, pour qu'on punisse la demoiselle qui se permet d'aller coucher avec un jeune homme, ce qui est une horreur, une chose affreuse, abominable !... et qui empêche enfin que ce jeune homme ouvre sa porte à Marie-Jeanne.

Elle traverse un petit couloir, elle frappe à la porte de Suzon : on ne répond pas ; elle frappe et va faire vacarme. — Qui est là ? demande une petite voix douce... Marie-Jeanne reconnaît la voix de Suzon : elle avait tort ; elle va s'éloigner... lorsqu'une claque lui est appliquée vigoureusement sur la fesse : la servante jette un cri et se sauve.

Nicolas Toupet aimait mademoiselle Suzon, qu'on devait lui donner en mariage parce qu'il était bon travailleur et devait hériter d'un oncle riche.

Le villageois était aussi devenu jaloux : le monsieur de la ville était si joli garçon ! il avait des manières si lestes avec les filles ! et puis mamzelle Suzon rougissait et le regardait en dessous ! Tout cela avait inquiété Nicolas, qui, soupçonnant quelque projet contraire à ses amours, ne pouvait se livrer au sommeil.

Il avait entendu marcher dans l'escalier (car la grosse fille faisait du bruit même en allant doucement), il était descendu et s'était caché près de la porte de mamzelle Suzon ; il avait entendu venir quelqu'un... puis ce quelqu'un avait frappé à la porte de la demoiselle... ce ne pouvait être qu'un amoureux... La colère, la jalousie ne connaissent plus de distinction de rang; Nicolas avait tapé de toute sa force le derrière de Marie - Jeanne, croyant battre son rival.

Marie - Jeanne, en montant son escalier raboteux, fait un faux pas et

Nicolas la poursuivait. (P. 89.)

tombe. Nicolas la poursuivait; il l'atteint, la saisit à un endroit...

— Morgué! ça n'est pas l'monsieur! s'écrie-t-il avec surprise.

— Comment! c'est toi, Nicolas? dit la servante en se relevant.

— Tiens! c'est Marie-Jeanne!... Ah ben! si j'avions su ça, je n'aurions pas tapé si fort... j' t'avions prise pour un voleur. Mais que faisais-tu donc à la porte de Suzon?

— Dam'! j'étais descendue croyant que not' maîtresse m'avait appelée; et toi, Nicolas?

— Moi!... Ah! j'avions entendu du bruit, et j'étions sorti pour voir... mais puisque ça n'est rien, j'vas me coucher. Bonne nuit, Marie-Jeanne.

— Bonsoir, Nicolas.

Chacun d'eux rentre dans sa chambre, bien tranquille. Nicolas sait que Suzon est chez elle, et Marie-Jeanne est convaincue que le beau monsieur est seul dans sa chambre : tous deux se couchent, bien contents de s'être trompés.

Pauvres jaloux!... vous veniez de faire naître l'événement que vous redoutiez, et qui, sans vous, peut-être, n'eût jamais eu lieu!

Suzon, comme vous savez, s'est éveillée au second coup frappé à sa porte ; elle a demandé : Qui est là? on ne lui a pas répondu ; on a jeté un cri; la jeune fille a reconnu la voix de Marie-Jeanne. Elle se lève inquiète de ce que ce peut être, et craignant que ses parents ou le jeune monsieur ne soient indisposés.

De son côté, Gustave, qui, lorsqu'il était éveillé, avait de la peine à se rendormir, réfléchit qu'il y avait de la dureté à renvoyer ainsi cette pauvre fille qui venait le trouver et qu'il fallait au moins lui donner une légère consolation. Marie-Jeanne n'était pas aussi jolie que Suzon, mais elle avait son prix, et voulant passer quelques jours chez des villageois, il était prudent de la ménager.

Notre héros cède à la tentation, au hasard, au destin, à tout ce que vous voudrez.

Il se lève, ouvre sa porte, fait quelques pas dans le couloir, se trouve nez à nez avec Suzon, qu'il prend pour Marie-Jeanne ; il l'attire dans sa chambre ; Suzon se laisse conduire ; il l'embrasse, la petite se laisse embrasser ; elle y trouve tant de plaisir qu'elle n'a pas la force de parler, et...

Suzon jette un cri de plaisir, Gustave un de surprise :

— O ciel ! dit-il, ce n'est pas Marie-Jeanne !...

— Non, monsieur, c'est moi...

— Suzon !... Allons, il est écrit que je ferai toujours des sottises !... Cette fois cependant ce n'est pas ma faute, le ciel m'est témoin que je ne voulais pas la séduire ; mais, ma foi, puisque le hasard fait tomber cette enfant dans mes bras, rendons grâces à mon heureuse étoile.

Gustave, fatigué pour Marie-Jeanne, retrouve toute son ardeur dans les bras de Suzon.

Les plaisirs les plus doux ont trop vite un terme. Notre jeune homme s'assied près de la petite, et on commence une explication.

— Comment se fait-il, ma chère amie, que tu te sois trouvée en chemise dans le couloir au milieu de la nuit ?

— C'est qu'on est venu frapper à ma porte ; cela m'a réveillée ; je me suis levée pour savoir ce que c'était ; je craignais que vous ne fussiez malade...

— Pauvre petite ! tu pensais donc à moi ?

— Oh ! oui, monsieur.

— Es-tu fâchée de ce qui est arrivé ?

— Dam' ! j'en suis fâchée et contente... Mais vous... je vois bien que vous m'avez prise pour Marie-Jeanne... et que vous ne pensiez guère à moi.

— J'y pensais beaucoup, au contraire ; je t'aimais, Suzon, mais je n'osais te le dire ; je respectais ton innocence... et maintenant encore, où tu m'as rendu le plus heureux des hommes, je maudirais mon bonheur, s'il doit te causer des chagrins !

— Dam' !... que voulez-vous ? à présent, c'est fini...

— Mais Nicolas Toupet ?...

— Oh ! il ne le saura pas.

— L'aimes-tu ?

— Oh ! non !... je ne l'aimais guère... A présent, je ne l'aime plus du tout.

— Cependant tu dois l'épouser ?

— L'épouser ! oh ! non, monsieur... je ne veux plus épouser personne...

— Pourquoi donc cela, ma chère amie ?

— Parce que je ne veux tromper personne ; et puis je ne pourrais pas aimer mon mari, puisque c'est vous que j'aime à présent.

— Ma petite Suzon, je t'aime aussi de tout mon cœur, mais je ne peux t'épouser.

— Oh ! je l' sais ben, monsieur !...

— Tu as dit tout à l'heure que Nicolas ne saurait rien de ce qui vient de se passer entre nous ?...

— Sans doute, mais moi je le saurai !...

— Et tes parents, que diraient-ils, si tu refusais 'e te marier ?

— Je n'en sais rien...

— Tu vois donc bien qu'il faut être raisonnable.

— Oui, monsieur, mais je ne me marierai point.

Allons, elle a du caractère... je ne lui ferai

pas entendre raison aujourd'hui!... mais quand je serai parti, elle m'oubliera, et elle épousera cet imbécile de Nicolas.

Et Gustave, ayant assez moralisé la petite qui pleurait parce qu'il ne l'embrassait plus et qu'il voulait la marier, la prit dans ses bras, la pressa sur son cœur, la consola avec toute l'éloquence qui lui restait encore.

La nuit finissait, il fallut se séparer ; Suzon demanda timidement à Gustave si elle pourrait revenir le voir dans sa chambre. Il l'assura que cela comblerait tous ses désirs, et elle s'éloigna satisfaite du bonheur qu'elle venait de connaître, et soupirant déjà après celui qu'elle espérait goûter encore.

Pour Gustave, il se remit au lit, décidé à dormir le jour, puisque dans la maison du père Lucas on employait si bien les nuits.

En descendant vers le milieu de la journée, Gustave rencontra Marie-Jeanne sur l'escalier :

— Ma chère amie, lui dit-il d'un ton sévère, je vous engage à rester désormais la nuit dans votre chambre, et à ne plus venir faire tapage à ma porte. J'ai pu, par suite d'une méprise, avoir un moment de faiblesse ; mais désormais je dois être sage et mériter par là de loger chez d'honnêtes gens. Songez que si vous recommenciez vos folies de cette nuit, cela me forcerait à quitter de suite cette maison.

Marie-Jeanne, confusè, marmotta quelques excuses, et s'éloigna fort en colère contre les jeunes gens de la ville, avec lesquels on ne sait sur quoi compter.

Suzon attendait avec impatience le réveil de

celui qui, pendant la nuit, lui avait appris de si jolies choses, et qui devait encore lui en apprendre d'autres la nuit suivante. Un cœur de seize ans s'attache bien vite ; mais la petite paysanne était trop sensible pour être heureuse.

Nicolas, guéri de ses soupçons, ne guettait plus sa future. Marie-Jeanne, honteuse devant Gustave, s'éloignait dès qu'elle l'apercevait.

Les parents, confiants et tranquilles, ne surveillaient pas leur fille ; d'ailleurs ils avaient bien assez d'occupation avec Benoît, qui, depuis qu'on l'avait mis à son aise, oubliant la frayeur que la vache lui avait causée, s'amusait toute la journée, soit à monter sur les ânes qu'il éreintait, soit à faire battre les coqs ; à dénicher les nids en montant sur les arbres dont il cassait les branches ; à manger les œufs des poules, à traire les vaches et à renverser le lait en voulant faire du beurre ; à faire fuir les poulets et à renfermer les canards avec les pigeons.

Pendant que les villageois réparaient les bévues de M. Benoît, Gustave se promenait et s'égarait dans les champs avec Suzon ; la nuit on se retrouvait encore, et toujours la petite répétait à la suite de ses entretiens avec son ami : — Ah ! jamais je n'épouserai Nicolas !

Quinze jours se passèrent. Gustave ne devait en rester que huit à Ermenonville ; mais les grâces villageoises de Suzon avaient fait oublier les serments prononcés à Julie.

Le seizième jour cependant Gustave, qui venait encore d'engager inutilement la petite fille à épouser Nicolas, comprit que ce n'était point en restant auprès d'elle qu'il pourrait guérir Suzon de son amour. Il se reprocha aussi l'indifférence dont il payait l'amour de madame de Berly ; et comme une des qualités de notre héros était d'exécuter promptement ce qu'il voulait faire, il acheta de suite des vêtements de paysan, et ordonna à Benoît de seller les chevaux, paya grassement madame Lucas, embrassa tendrement Suzon, mit un louis dans la main de Marie-Jeanne, et annonça aux villageois qu'il partait pour Paris.

Suzon, qui ne s'attendait pas à ce départ, qu'elle redoutait cependant depuis longtemps, mais qu'elle se flattait être encore éloigné parce que son cœur ne pouvait se faire à l'idée de vivre sans Gustave, Suzon jeta un cri et tomba aux pieds de sa mère.

Notre héros pâlit, trembla, incertain s'il devait rester encore. Les paysans, qui attribuaient l'évanouissement de leur fille à une simple indisposition, s'empressèrent de la porter à l'air : elle revint à elle, regarda Gustave et ne prononça pas un mot ; pour lui, sentant son courage faiblir, il se hâta de monter à cheval, et s'éloigna du village sans oser retourner la tête, craignant encore de rencontrer le regard suppliant de Suzon.

CHAPITRE VIII

UNE FEMME D'ESPRIT FERAIT CROIRE AUX MIRACLES

Après avoir fait une lieue, Gustave entre dans un épais fourré, et ordonne à Benoît de faire le guet, parce qu'on pourrait s'imaginer que c'est quelque homme poursuivi par la gendarmerie qui se déguise ainsi au milieu d'un bois. Gustave n'a pas voulu mettre son nouveau costume chez les villageois afin d'éviter leurs questions.

Il passe un large pantalon de toile grise, met une veste bleue, se couvre la tête d'un grand chapeau rond, et revient vers Benoît, qui est au moment de s'enfuir, ne reconnaissant pas son maître.

Gustave lui ordonne d'aller l'attendre à Paris chez son ami Olivier, dont l'amitié pour lui ne s'est jamais démentie, et chez lequel il est certain de trouver un gîte tant que son oncle sera irrité contre lui.

— Et les chevaux, monsieur, dit Benoît ; vous savez bien qu'ils sont à votre oncle...

— Imbécile !... est-ce que ce qui est à l'oncle n'est point aussi au neveu! d'ailleurs le colonel me les a donnés.

— Les mènerai-je aussi chez M. Olivier?...

— Ah! diable!... c'est qu'il y a une difficulté!... Olivier n'a pas d'écurie...

— S'il avait un petit cabinet au rez-de-chaussée ?...

— Eh! butor, y penses-tu? Ah! parbleu! tu diras à Olivier de les vendre ; j'aurai justement besoin d'argent dans quelque temps, et cela me mettra en fonds.

— Comment, monsieur, il faudra donc que je vous suive à pied?

— Te voilà bien malade!...

— Quel dommage!... je commence à me tenir si bien à cheval!... Si l'on n'en vendait qu'un, monsieur, vous pourriez garder l'autre pour nous deux; je me tiendrais bien en croupe derrière vous...

— Tu es diablement bête, mon pauvre Benoît ; je ne ferai jamais rien de toi!... Allons, fais ce que je t'ai dit : va chez Olivier ; qu'il vende mes chevaux et qu'il te garde jusqu'à mon arrivée... Ah! Benoît, si par malheur tu rencontrais mon oncle en entrant à Paris, tu lui dirais... Diable!... que lui dire?... si je pouvais l'attendrir!... Ah! tu lui dirais que je suis malade...

— Oui, monsieur.

— Mais il voudra savoir où je suis...

— Je lui dirai que vous êtes mort.

— Imbécile !... mon oncle m'aime malgré sa brusquerie, et cette nouvelle ne pourrait que l'affliger.

— Dem'! puisque vous voulez l'attendrir...

P. DE K. I.   4

— Tu lui diras que je suis allé chez un de mes amis que je ne t'ai pas nommé.

— Oui, monsieur, c'est un de vos amis que vous ne connaissez pas !...

— Benoît, je suis sûr que tu feras quelque gaucherie !

— Au contraire, monsieur, vous verrez que M. le colonel sera dérouté.

— Une fois chez Olivier, ne t'avise pas de sortir ! on te rencontrerait, on te suivrait, on saurait où je suis.

— Mais pour manger, monsieur ?...

— On aura soin de toi. Va-t'en, Benoît.

— Je pars, monsieur.

Benoît s'éloigne et galope vers Paris.

Gustave prend le chemin qui conduit à la maison de M. de Berly, et tout en marchant il pense à la manière dont il s'y prendra pour faire remettre une lettre à Julie.

Est-il assez déguisé pour être méconnaissable ?... Julie est-elle entourée d'espions chargés d'intercepter les lettres qu'on pourrait lui adresser? Faudra-t-il se confier à une domestique qui peut bien avoir eu pitié d'un jeune homme se sauvant en chemise, mais qui, malgré cela, ne voudra pas s'exposer à être chassée d'une bonne maison?

D'ailleurs, ne serait-ce point compromettre encore madame de Berly dont la faute n'est avérée que pour celui qui a vu, et qui peut-être, a trouvé moyen de se justifier aux yeux de son mari, ce qui paraît difficile, mais ce qui pourtant n'est pas impossible, car les dames ont des moyens particuliers pour rendre douteux ce qui est évident, et les maris sont de force à n'y voir goutte en plein midi.

Après avoir longtemps réfléchi sur ce qu'il doit faire, notre héros prend le parti de s'abandonner au hasard qui souvent lui est favorable. Il marche sans s'arrêter, il aperçoit enfin la maison de campagne où il a passé de si doux instants et qu'il a quittée si brusquement. Il s'arrête alors pour respirer plus librement, et pour calmer l'émotion qu'il éprouve.

Des villageois passent près de là, Gustave se cache ; il lui semble que tout le monde le regarde avec attention, qu'on devine qu'il n'est pas ce qu'il veut paraître ! Cependant chacun passe son chemin sans s'occuper de lui. Il se remet.

Il s'approche de la maison ; il voit au travers d'une grille les jardins qu'il a parcourus si souvent ; il cherche des yeux la salle de billard, mais on ne peut l'apercevoir. Toutes les fenêtres de la maison sont fermées. Le jardin semble désert. — Serait-on parti ?... l'aurait-il emmenée ?... Gustave double le pas et arrive devant la grande porte de la cour... Il regarde... personne... Il entre... enfonce son chapeau sur ses yeux, et s'approche du concierge, qu'il aperçoit à l'entrée du jardin.

— Que demandez-vous ? dit celui-ci d'un ton brusque.

— M. de Berly...

— Il est à Paris...

— Et... sa nièce ?

— Sa nièce aussi...

— Et... sa femme ?

— Parbleu ! sa femme aussi...

— Comment ! ils sont partis ?...

— Sans doute. Si vous avez quelque chose à leur dire, allez à Paris, rue du Sentier, vous les trouverez.

Le concierge lui tourne le dos. Cet homme n'est pas causeur ; il est lourd, brutal et entêté ; à coup sûr Julie ne lui a rien confié. Il faut donc s'en retourner sans avoir d'autres nouvelles. Gustave reprend le chemin de la porte, lorsqu'une

— Je vous ai reconnu, Monsieur. (P. 100.)

femme sort de la salle du rez-de-chaussée et vient à lui.

O bonheur ! c'est la cuisinière qui a causé avec Benoît. Faut-il se découvrir à elle ? Mais avant qu'il ait eu le temps de réfléchir, la domestique a passé près de lui et lui a dit tout bas :

— Je vous ai reconnu, monsieur ; j'ai quelque chose à vous remettre ; sortez, allez m'attendre derrière les acacias de l'autre côté de la route.

Elle s'éloigne et va attacher du linge dans la

cour. Gustave se hâte de sortir et va du côté des acacias.

— Cette domestique m'a reconnu, se dit-il, du fond d'une salle basse, sans m'entendre parler, moi qu'elle n'apercevait que bien rarement ; et ce butor de concierge qui me voyait passer vingt fois par jour devant lui, ne se doute de rien ! Ah ! les femmes !... dans tous les états, dans toutes les classes, elles ont un tact, un coup d'œil ! elles voient en un instant ce que nous serions huit jours à deviner.

La domestique ne se fait pas attendre, elle accourut vers Gustave.

— Il y a longtemps que je vous attends, monsieur !... c'est pour vous que je suis restée à la campagne. J'ai fait semblant d'être malade pour ne pas aller à Paris avec tout le monde. Madame m'avait dit que ce n'était qu'à moi qu'elle voulait confier une lettre pour vous...

— Une lettre ! donne vite, ma chère amie...

— Madame pensait que vous viendriez bien plus tôt la chercher... et moi je commençais à m'ennuyer ici. Tenez, la voilà...

— Veux-tu te charger de celle-ci pour ta maîtresse ?

— Oui, monsieur, dès aujourd'hui.

— Tiens, Marguerite, prends ces deux louis pour te dédommager de l'ennui que tu as éprouvé en m'attendant.

— Ah ! monsieur ! je n'ai pas besoin d'argent pour aimer à servir madame ; elle est si bonne !...

— C'est égal, Marguerite, je veux que tu les prennes.

— C'est donc pour vous obéir, monsieur.

— Adieu, Marguerite ; n'oublie pas ma lettre...

— Ne craignez rien, monsieur ; madame l'aura ce soir.

La bonne fille s'éloigne.

— Sans elle, dit Gustave, je n'aurais pas de nouvelles de Julie : c'est une cuisinière qui se montre attachée à sa maîtresse ; et la femme de chambre, comblée de bienfaits par madame de Berly, eût été capable de la trahir !... Au fait, qu'est-ce que cela prouve? que les bienfaits font souvent des ingrats, et qu'on peut avoir un cœur sensible et aimer à rendre service tout en hachant du persil et en fricassant un poulet. Lisons la lettre :

« MON BON AMI,

« Je n'ai pas besoin de vous dire que je souffre loin de vous ; j'aime à croire que votre cœur partage mes peines, qu'il éprouve comme le mien tous les tourments de l'absence : mais je dois vous apprendre ce qui s'est passé depuis votre départ.

« M. de Berly est sorti de ma chambre peu de temps après que vous eûtes sauté par la fenêtre ; il descendit au jardin, mais il remonta bientôt.

« J'avais presque perdu l'usage de mes sens. Cependant je désirais encore tromper M. de Berly sur ma faute. Ce n'est pas pour moi, c'est pour lui que je voulais faire cet effort : c'est rendre quelqu'un au bonheur que chasser de son esprit une idée qui l'afflige. Je veux bien perdre mon repos ; je ne me consolerais point d'avoir détruit celui de M. de Berly.

« Je fis donc semblant d'être fort en colère au moment où M. de Berly allait lui-même se livrer

à sa fureur. Je lui reprochai de ne pas m'avoir ven-
gée d'un jeune homme qui s'était introduit dans
ma chambre pendant mon sommeil, et allait, malgré ma résistance, triompher de moi, s'il n'était
entré brusquement et ne m'avait délivrée des entreprises de ce jeune audacieux. M. de Berly ne savait plus que dire et que croire ; il me regardait,
se promenait dans la chambre et ne savait à quelle
idée s'arrêter.

« Voyant son incertitude, je pleurai amèrement,
et mes larmes n'étaient point feintes. Alors M. de
Berly, qui ne m'avait jamais vue pleurer, ne douta
plus de mon innocence, il se jeta à mes genoux, il
me demanda pardon pour sa vivacité, je le lui ac-
cordai de bien bon cœur. Il était désolé d'avoir dit
au colonel les choses autrement qu'elles n'étaient.
Je lui fis entendre qu'il pourrait revoir le colonel
et lui recommander le silence sur cet événement,
M. de Berly a juré de se venger de vous ; mais
je ne crains pas cette menace, je sais qu'il ne se bat
qu'avec le gibier. La paix est donc faite ; mais je
ne vous verrai plus. Ah ! Gustave ! cette punition
est si cruelle qu'elle doit me faire expier
ma faute.

« Il faut donc que ma vie se termine dans les
larmes. Ah ! si l'on savait combien il est cruel de
passer ses jours avec quelqu'un qu'on ne peut aimer, on consulterait le cœur d'une jeune fille avant
de la marier. Mes parents m'ont sacrifiée. M. de
Berly ne s'est jamais occupé de me plaire !... Le
pouvait-il d'ailleurs ?... nos âges, nos goûts, nos
caractères sont tellement opposés !... et cependant
je suis criminelle d'en aimer un autre !... Ah ! mon
ami ! que les femmes sont à plaindre !

« Adieu, soyez heureux, mais pensez quelquefois à Julie. »

— Chère Julie!... oh! je te reverrai!... Le hasard nous sera favorable!... Et Gustave baisa la lettre de celle qu'il avait déjà trompée. Il ne put s'empêcher de rire en songeant à la crédulité de M. de Berly, qui, après avoir surpris sa femme couchée avec un jeune homme, croyait encore à son innocence. Allons, dit-il, c'est pour les maris qu'est fait ce passage de l'Ecriture :

Oculos habent et non videbunt.

CHAPITRE IX

UNE NOCE A LA VILLETTE

— Retournons à Paris, dit Gustave ; je n'ai plus rien qui me retienne ici. Allons chez Olivier ; là je rêverai aux moyens de revoir Julie sans la compromettre si cela est possible : certainement j'y parviendrai, puisqu'on dit qu'avec de la persévérance on vient à bout de tout ; ce qui n'est vrai qu'à demi, car j'ai essayé cent fois d'être sage et je n'ai pu y parvenir !...

Que de gens passent leur vie sans attraper le but qu'ils veulent atteindre ! Les alchimistes, qui veulent faire de l'or et se ruinent sur des fourneaux ; les rentiers, qui font des plans sur les brouilllards de la Seine ; les auteurs, qui espèrent s'enrichir ; les aéronautes, qui veulent essayer de voltiger comme les oiseaux ; les voyageurs, qui cherchent le bout du monde ; les mathématiciens, la quadrature du cercle ; les physiciens, qui veulent guérir les maladies de nerfs par l'électricité ; les mécani-

ciens, qui prétendent à faire rouler une voiture sans
chevaux ; les âmes aimantes qui cherchent l'amitié
pure, l'amour fidèle, et tant d'autres belles choses
que je ne vous nommerai pas, parce que je ne m'en
souviens point, tous ces gens-là courent risque, de
voir leur persévérance en défaut.

Tout en faisant ces réflexions, Gustave cheminait
vers Paris ; mais il n'était encore qu'à Vauderland,
il lui restait cinq lieues à faire ; et il se sentait fatigué. Voulant cependant arriver à Paris le même
soir, il regardait de côté et d'autre s'il ne rencontrerait pas une voiture avec une place va-
cante.

Mais cette fois le hasard ne le servait pas ; la voiture de Louvres, celle de Senlis, de Morfontaine,
toutes étaient pleines. Les petits cabriolets, appelés si improprement pots de chambre, n'avaient
même pas une place *en lapin.*

— Allons, du courage, dit Gustave, j'irai à
pied, j'arriverai un peu plus tard. Mais aussi ce
maudit costume me nuit : je vois bien passer quelques calèches où l'on ferait peut-être place à
l'élégant Saint-Réal ; mais un paysan ne serait pas
écouté : on me regarde, on me rit au nez : il est
vrai que ma tournure doit être assez comique.

Comme Gustave achevait de se consoler en tâ-
chant de doubler le pas, il entendit le bruit d'une
voiture ; il se retourne : c'est une petite carriole
dans laquelle est un gros bonhomme dont la mine
réjouie inspire la gaieté.

— Parbleu, dit notre héros, il faut tenter la
fortune ; cet homme ne me refusera peut-être pas
une place près de lui ; et quand nous ne ferions
qu'une lieue ensemble, ce serait toujours autant de

chemin de fait. Allons, abordons-le, mais n'oublions pas que je suis un campagnard.

Gustave court à la carriole :

— Holà !... monsieur...

— Qu'èst-ce qu'il y a, l'ami?

— Ma foi, il y a que je suis diablement fatigué : je suis parti trop tard d'Ermenonville, j'ai manqué la voiture de Morfontaine, et il faut que j'aille à Paris ; si cela ne vous gênait pas trop de me faire une petite place, vous m'obligeriez beaucoup.

— Oh ! c'est facile !... montez, il y a une place pour vous ; nous serons encore à l'aise ; ma carriole est grande... Tenez, asseyez-vous là près de moi.

— Grand merci ; c'est que je commençais à être las.

Gustave est placé près du gros bonhomme, et la conversation s'engage :

— Vous venez d'Ermenonville, j'y connais du monde, un cultivateur nommé Lucas.

— C'est justement chez lui que je demeurais.

— Bon ! en ce cas vous pouvez me donner des nouvelles de la famille. La mère Lucas crie-t-elle toujours ?

— Plus que jamais.

— La petite Suzon commence-t-elle à se former ?

— Oh! elle est tout à fait formée maintenant.

— Elle promettait d'être jolie !... mais, dam', il y a deux ans au moins que je suis allé à Ermenonville, et en deux ans une jeune fille pousse joliment.

— Suzon a très bien poussé : elle est bien faite, fraîche, piquante, charmante enfin !...

— Ho ! ho !... comme vous en parlez avec feu !... Seriez-vous par hasard celui qui doit l'épouser, ce

Nicolas Toupet dont Lucas m'a parlé et qu'il attendait chez lui la dernière fois que j'y suis allé?

— Justement, monsieur, c'est moi qui suis Nicolas, le futur de mamzelle Suzon.

— Parbleu! monsieur Toupet, je suis bien charmé de vous avoir rencontré. Vous devez avoir entendu parler de moi chez Lucas ; je suis leur cousin-germain, Pierre Ledru...

— Comment! c'est vous qui êtes monsieur Ledru !... ? Oh ! nous parlions de vous très souvent !...

— Embrassons-nous, monsieur Toupet.

— Bien volontiers, monsieur Ledru.

Gustave embrasse le gros cousin, et tâche de contenir son envie de rire. Il n'y a pas grand mal à prendre pour quelques heures le nom de Nicolas Toupet ; Gustave aimait à s'amuser, et il prévoyait que la méprise du cousin lui en fournirait l'occasion.

— Ah çà! monsieur Nicolas Toupet, dit Ledru après les premiers élans de la reconnaissance, allez-vous à Paris pour affaires pressées ?

— Mais pourvu que j'y sois demain...

— Tenez, c'est que je vas vous faire une proposition... Je vais à La Villette, à la noce d'une de mes filleules qui vient d'épouser un gros épicier de l'endroit. Je devais arriver ce matin pour la cérémonie, mes affaires m'en ont empêché; mais j'arriverai pour le repas, ce qui est le meilleur ; eh bien! il faut en être ; je vous présenterai à la société, et vous ferez plaisir à tout le monde.

— Vous êtes bien honnête, monsieur Ledru... Y aura-t-il à cette noce quelques parents de M. Lucas ?...

— Non, il n'y a que moi ; mais, du reste, soyez tranquille ; c'est tout beau monde, tous gens établis: le tanneur, le serrurier, le maître maçon et l'entrepreneur des vidanges de La Villette!... Oh! c'est tous gens comme il faut...

— Eh bien! tope, monsieur Ledru, je suis des vôtres.

— Ah! voilà qui est parler!... Nous nous amuserons!... nous boirons, nous mangerons, nous danserons!... Nous rirons, nous trinquerons!...

— C'est cela, vous m'avez l'air d'un bon vivant ?...

— Et moi, tel que vous me voyez, je suis un farceur...

— En vérité?

— Parbleu ! on a dû vous le dire chez Lucas...

— C'est vrai! on m'a conté de vos espiègleries!...

— Elles sont bonnes, hein ?...

— Elles sont d'une jolie force !

— J'espère tantôt faire enrager le marié... Et la jarretière donc !... je n'en cède pas ma part !...

— La mariée est-elle gentille?

— Ma filleule ?... Oh ! elle est bien !... c'est du chenu !... Elle a les cheveux un peu rouges et le nez un peu gros, mais du reste c'est une belle blonde !... et forte !... Ah ! elle vous enlève un homme comme un cerf-volant, et fait l'exercice du fusil comme un biset de la garde nationale!...

— Peste ! quelle femme !...

— Son mari aura besogne cette nuit !... Ah ! ah !...

Tout en causant on arrive à La Villette. Gustave se prépare à voir quelque chose de nouveau pour lui.

Personne là ne va chez Lucas ; on ne concevra aucun soupçon ; et puis, un jour de noce, tous les convives sont trop occupés pour songer à autre chose qu'au festin.

— Allons, dit Gustave, remplissons bien mon personnage ; si ces bonnes gens ne m'amusent pas, je prendrai mon chapeau et partirai sans qu'ils s'en aperçoivent. D'ailleurs, sous ce costume, je ne suis pas fâché de ne rentrer à Paris que la nuit ; au moins je ne risquerai pas d'être rencontré et reconnu par mes connaissances.

On descend de voiture devant un traiteur-restaurant marchand de vin.

— C'est ici, dit Ledru, au *Boisseau-Fleuri*... salon de cent couverts... Eh mais ! j'entends les violons... Est-ce qu'on aurait dîné ! cependant il n'est pas trois heures...

— Non, monsieur, on n'a pas dîné, dit une fille de cuisine, ça n'est que pour quatre heures, mais la société danse en attendant le repas.

— Ah ! à la bonne heure ; mon enfant, vous me rassurez !... Allons, montons, monsieur Toupet...

— Je vous suis, monsieur Ledru.

On monte au grand salon, on entre au milieu de la danse : les messieurs avaient ôté leurs vestes et retroussé leurs chemises pour danser avec plus de grâce ; les verres de vin circulaient déjà, et plus on se rafraîchissait, plus les visages prenaient une couleur échauffée.

A l'entrée de Ledru, la danse cesse, chacun l'entoure, l'embrasse, le presse ; c'est une joie, des cris, un bruit !...

— Nous avions bien peur que vous ne fussiez fondu en route, mon parrain, dit d'une petite voix flûtée une grande et grosse femme, que Gustave reconnut pour la mariée, d'après le portrait que le cher parrain lui en avait fait.

— Viens m'embrasser, Lolotte, dit Ledru en ouvrant les bras à sa filleule. Eh bien ! ma petite, c'est le grand jour !... Tu danses ce matin ; tu danseras ce soir... tu danseras c'te nuit !...

— Oh ! oh ! il est toujours farceur, mon parrain !...

Il fut tiré de cette occupation par Ledru. (P. 112.)

— Monsieur Ledru, dit le marié en s'avançant
d'un air à prétention, nous eussions bien été vexés
si vous nous aviez fait faux bond !

— Moi, manquer votre noce, monsieur Détail?
Oh! je serais plutôt venu sur mon âne. Mais un moment, ce n'est pas tout ; j'ai quelqu'un à vous pré-
senter.

Jusque-là on n'avait pas fait attention à Gustave, qui, placé dans un coin, examinait toutes les
dames qui étaient de la noce, et voyait avec plaisir
que, parmi les vingt femmes, il y en avait trois ou
quatre d'assez bien dans leur genre. Il fut tiré de
cette occupation par Ledru, qui le prit par la main
et le présenta au marié.

— Monsieur Détail, voici un ami que je vous
présente ; c'est M. Nicolas Toupet, futur époux de
la fille de mon cousin Lucas d'Ermenonville. C'est
un garçon d'esprit !... je me flatte qu'il ne sera pas
de trop ici!

— Comment donc, parrain, mais assurément...
Monsieur Toupet, c'est nous faire honneur que
d'être des nôtres!...

— Monsieur, c'est moi qui le reçois assurément.

Après cet échange de compliments, Gustave
embrassa la mariée, sa mère, sa sœur, les tantes, les
cousines, toutes les dames de la noce enfin ; ses manières polies furent du goût de la société, et
M. Toupet fut trouvé charmant.

— Le dîner est servi, vient dire le chef du res-
taurant, autrement le marchand de vin.

— A table! à table! dit-on de toutes parts.

On monte dans le salon aux cent couverts, où
les cinquante personnes qui composent la noce ont
un peu de peine à être placées, mais enfin on par-

vient à s'arranger. Gustave se trouve entre une grosse brune et une petite blonde, toutes deux assez bien.

— J'aurai le choix, dit-il en lui-même, si toutefois ces dames entendent la plaisanterie... En attendant, mangeons beaucoup, pour entrer dans l'esprit de mon rôle.

Les potages, les bouillis, les andouilles, les côtelettes circulent ; au second service, le veau, le cochon, le lapin, le bœuf à la mode ; on ne connaît pas là les petits mets friands et légers ; on mange de la viande et puis de la viande.

— Parbleu ! se dit Gustave, voilà un repas fortifiant ; c'est sans doute la mariée elle-même qui l'aura commandé.

Pendant que l'on dîne, trois ménétriers se placent dans un orchestre établi dans un coin de la salle et jouent de toute leur force : *Où peut-on être mieux ? Gai ! gai ! Mariez-vous ; Il faut des époux assortis ; Tu n'auras pas, petit polisson ; La marche des Tartares*, et autres airs qu'ils présument de circonstance ou à grand effet.

Le train que font les artistes force les convives à parler plus haut : pour s'entendre on crie, on fait un tintamarre infernal.

Le vin commence à échauffer les esprits ; les grosses plaisanteries sont lâchées et reçues avec des transports de joie à faire péter les vitres. Le cousin Ledru a promis de faire des farces ; il se met en train : c'est un feu roulant de quolibets qu'on ne peut pas prendre à double entente, car les choses sont clairement détaillées...

Pendant ce temps, Gustave essaie de faire plus ample connaissance avec ses voisines ; il s'adresse d'abord à la grosse brune ; elle prend bien ses plaisanteries ; elle aime à rire. Le faux Nicolas fait le galant ; il offre souvent à boire, on accepte ; il prend la carafe et croit devoir offrir de l'eau.

— Oh ! je ne bois jamais d'eau, monsieur.

— Ah ! pardon, madame, j'ignorais...

— Mon mari me ferait un beau train si j'en buvais !...

— Ah ! c'est votre mari qui ne veut pas ?...

— J'vas vous dire pourquoi : c'est que quand je bois de l'eau je pisse au lit ; j'en avais bu il y a deux jours par mégarde... demandez à M. Ratel comme il a été trempé !... le pauvre homme en a eu plein le dos !

— C'est différent ; vous faites fort bien alors de n'en pas boire.

Et Gustave se tourne du côté de la blonde : la confidence de madame Ratel n'avait pas fait un bon effet.

En cinq minutes de conversation, Gustave apprend que la petite dame est veuve, cousine du marié et marchande mercière rue aux Ours ; qu'elle aime beaucoup le spectacle, qu'elle va souvent aux mélodrames, et que le dimanche elle joue la comédie bourgeoise rue du Cygne, dans une petite salle dont on a fait un théâtre, avec la permission de M. le commissaire, et où l'on joue presque aussi bien que chez Doyen.

— Allons, se dit notre héros, avec une veuve, je ne craindrai ni de brouiller un ménage ni d'être accusé de séduction, car une femme qui joue la comédie bourgeoise tous les dimanches ne peut pas se donner pour novice en intrigue.

Contons fleurette à la mercière, seulement pour

passer le temps ; d'ailleurs un jeune homme qui veut s'instruire doit faire un cours de galanterie dans toutes les classes.

Madame Henri (ainsi se nommait la petite veuve) écoutait Gustave, ouvrait de grands yeux, et paraissait quelquefois surprise de ses manières.

Une femme qui joue la comédie doit avoir un peu de discernement, et notre héros oubliait parfois qu'il ne devait être que Nicolas Toupet.

Madame Ratel, piquée de l'abandon de M. Nicolas, qui ne causait plus qu'avec sa voisine, cherchait à se mêler à leur conversation, lorsque la mariée poussa un cri perçant ; on s'occupait à lui enlever sa jarretière : le grand dadais qui s'était fourré sous la table pour s'en emparer avait saisi le ruban et l'avait tiré avec beaucoup de force, croyant l'enlever bien lestement ; mais mademoiselle Lolotte, craignant que sa jarretière ne tombât avant l'époque de rigueur, l'avait, par précaution, nouée fortement à sa jambe ; ensuite, tout entière aux agréments de la conversation et aux douceurs qu'on lui adressait, elle avait oublié de dénouer sa jarretière.

Le mouvement du premier garçon de la noce fut si vif que Lolotte glissa de sa chaise en poussant un cri : tous les convives se lèvent ; on cherche des yeux la mariée ; le grand dadais se trouvait la tête sous les jupons de Lolotte. M. Détail n'était pas assez fort pour relever sa femme, le parrain l'aida en assurant que c'était une bonne farce du premier garçon de noce, M. Cadet.

Le marié ne paraissait pas trouver la plaisanterie à son goût ; mais Ledru lui fit observer qu'il fait noir sous des jupons, et que par conséquent

Cadet n'avait rien vu et ne voyait rien. Cette réflexion lumineuse rassura M. Détail.

— Du moment qu'il n'a rien vu, dit-il, je n'en demande pas davantage.

Lolotte se remit à table sans paraître déconcertée ; M. Cadet se mit à sa place, rouge comme une betterave.

On distribua la fameuse jarretière coupée par petits morceaux ; on apporta le dessert, le café, la liqueur ; la gaieté devint encore plus bruyante, on chanta, on trinqua ; on n'aurait pas entendu tirer le canon dans la pièce au-dessous.

L'instant du bal arrive enfin. On quitte la table, on court se mettre en place, on descend, ou se pousse, on se presse, on tombe, on éclate de rire ; les dames sont d'une gaieté folle, les danseurs peuvent tâter, pincer, presser tout ce qu'ils trouvent sous leurs mains ; un jour de noce, ces choses-là sont permises, et à La Villette on ne se formalise pas pour des bagatelles comme cela.

Un garçon ébéniste du faubourg Saint-Antoine lorgnait depuis longtemps madame Henri et regardait avec humeur M. Nicolas.

Gustave ne faisait pas attention aux regards animés du jeune ébéniste et continuait de rire avec la mercière ; il la fait danser deux contredanses ; le monsieur aux œillades invite la dame pour *la suivante* ; elle accepte, mais Gustave, que le bruit et la chaleur étourdissent, propose à la jolie blonde de faire un tour dans le jardin ; elle y consent, et descend avec M. Nicolas Toupet, oubliant son engagement avec l'ébéniste.

On se promène bras dessus bras dessous, on cause, on se regarde, on se prend la main, on sou-

pire : Gustave propose de s'asseoir sous un bosquet
bien noir (car le jardin d'un marchand de vin n'est
éclairé que les dimanches et les lundis) ; la petite
veuve accepte ; Gustave prend un baiser, on rit ; il
veut prendre autre chose, on se fâche, on le repousse.

La mercière a de la vertu ; elle veut bien plai-
santer, rire, mais elle ne veut
pas que cela aille plus loin.

— Où diable la rigueur va-
t-elle se nicher ! se
dit Gustave, on se
rend dans les bou-
doirs, dans les sa-
lons, dans les bos-
quets de Tivoli, et
l'on me repousse à
La Villette, dans
le jardin d'un mar-
chand de vin !...

Gustave promet
d'être plus sage ; on
lui pardonne, on se

On se fâche, on le repousse. (P. 117.)

remet près de lui ; on lui accorde un baiser, puis
on reparle amour, mariage, fidélité... Pauvre
femme ! elle veut un mari, elle s'est bien adressée !...
mais elle a donc oublié que M. Nicolas est le futur
de mademoiselle Suzon d'Ermenonville ? Non, mais
elle est jolie. M. Nicolas soupire en la regardant ;
elle supplantera mademoiselle Suzon. Quelle est
la femme qui ne compte pas un peu sur le pouvoir de ses charmes ?

La conversation était tendre ; Gustave cherchait
à ramener la petite veuve à des principes moins sévères...

Tout à coup le garçon ébéniste se présente devant eux ; il est furieux : ses yeux brillent comme ceux d'un chat auquel on vient de couper la queue ; il s'approche de Gustave, les poings fermés et la tête en arrière.

— Monsieur du Toupet, ça ne s'appelle pas de l'honnêteté que d'empêcher une particulière de danser avec l'individu qui a eu celui de l'engager ; et madame que v'là serait maintenant sur la mesure avec moi si vous ne l'aviez point fait descendre dans ce jardin, je ne sais pas trop pour quoi faire.

Gustave a écouté tranquillement le discours de son rival ; et, oubliant son personnage, il part d'un éclat de rire.

L'ébéniste, qui voit qu'on se moque de lui, n'en est que plus irrité ; il applique un coup de poing sur le nez de Gustave ; celui-ci se lève vivement et lui saute au collet ; ces messieurs se poussent, se pressent, se frappent ; la petite blonde jette les hauts cris, pleure, appelle tous les gens de la noce.

Les garçons marchands de vin accourent, puis le maître, les servantes, puis les marmitons ; l'alarme se répand jusqu'à la salle de bal ; la danse est interrompue ; le marié, qui dansait pour la première fois avec sa femme, pense que c'est à lui à mettre la paix parmi les convives ; il lâche la main de Lolotte au moment de la *poule* et descend précipitamment ; on suit le marié, on arrive dans le jardin.

Gustave tenait l'ébéniste fixé à terre ; il avait un genou sur l'estomac de son antagoniste, d'une main il lui serrait la gorge, de l'autre il lui tirait une oreille ; le pauvre vaincu étouffait, il demandait grâce ; mais Gustave, irrité d'avoir été forcé de se battre à coups de poing, ne se connaissait plus ; heureusement les danseurs arrivaient en foule ; on saisit M. Nicolas, on relève l'ébéniste à demi-mort ; on cherche à réconcilier les combattants.

Gustave était satisfait ; il ne pouvait exiger d'autre réparation de gens avec lesquels il espérait bien ne plus se retrouver ; il avait un œil un peu noir, le nez légèrement écorché ; mais il avait voulu être d'une noce à La Villette et, en voulant voir de tout il faut bien s'attendre à quelques petits désagréments.

Pour l'ébéniste, il en avait assez ; il se promit bien de ne plus se frotter à M. Toupet. La petite mercière pleurait, et se reprochait d'avoir par son défaut de mémoire amené ce combat ; madame Ratel faisait des commentaires et s'informait malicieusement du motif qui avait conduit madame Henri et M. Nicolas dans un petit bosquet éloigné de la maison.

Chacun faisait ses réflexions ; et Gustave, qui s'était assez amusé comme cela, demanda à M. Détail où l'on avait mis son chapeau.

— Quoi ! monsieur Nicolas, vous voulez déjà nous quitter ?

— Oui, monsieur le marié. J'ai des affaires à Paris ; je vais me coucher pour me lever plus matin.

— Attendez au moins le souper.

— Bien obligé : j'ai dîné de manière à n'avoir plus d'appétit.

— Acceptez un verre de vin.

— Rien, absolument, monsieur Détail.

— Allons, puisque vous êtes inébranlable sur la fermeté, je vais demander à Lolotte où sont les chapeaux.

— Je vous suis.

M. Détail monte dans la salle du bal, où il ne trouve que les ménétriers occupés à prendre leur part des rafraîchissements préparés pour la société.

— Où donc est ma femme? dit le marié en entrant dans tous les salons.

— Où diable est mon chapeau? dit Gustave en furetant dans tous les coins ; je ne puis pas, étant en sueur, retourner à Paris sans chapeau, c'est bien assez d'avoir un œil poché et un nez meurtri ; je ne me soucie pas de m'enrhumer.

En passant dans un corridor, on aperçoit une petite porte ; une servante dit que c'est là que sont les chapeaux, les vestes et les habits de ces messieurs, mais on ne trouve pas la clef à la porte. Attendez, dit la domestique, ma maîtresse en a une qui ouvre toutes ces portes-là.

La fille descend, et remonte avec un trousseau de clefs ; M. Détail ouvre, et entre une chandelle à la main ; Gustave le suit, la domestique suit Gustave... le marié pousse un cri et fait deux pas en arrière... Gustave avance la tête, et voit Lolotte couchée sur un matelas, et monsieur Cadet, premier garçon de la noce, furetant auprès de la mariée (sans doute pour mieux apprendre à dénouer une jarretière).

Le marié, dans le premier moment, doute de ce qu'il voit : il avance plus près avec sa lumière, le grand Cadet se fourre sous le lit, la servante ouvre de grands yeux hébétés ; Gustave est curieux de voir si Lolotte saura se tirer de là.

— C'est bien ma femme!... s'écrie M. Détail, et dans sa douleur il laisse tomber son flambeau.

La lumière roule précisément sur les objets que

M. Cadet considérait ; le feu prend à un certain endroit qui s'enflamme toujours facilement : Lolotte se relève en poussant des cris épouvantables ; elle sort en relevant ses jupons, et va se plonger dans un baquet où rafraîchissait le vin du souper. Toute la société accourt : M. Cadet s'enfuit ; la servante conte ce qu'elle a vu ; les hommes consolent le marié ; M. Ledru cherche à lui faire prendre cela pour une farce qui était arrangée afin de juger de son amour pour sa femme.

Les dames entourent le baquet et en retirent Lolotte, désespérée de la perte qu'elle a faite. Madame Ratel calme un peu son désespoir en lui donnant l'adresse d'un perruquier-coiffeur, faubourg du Temple près la barrière, lequel fait le *postiche* en tout genre.

Au milieu de ce désordre, Gustave prend le premier chapeau qui se trouve sous sa main, et sort du *Boisseau-Fleuri*,

. . . . honteux et confus,
Jurant, mais un peu tard, qu'on ne l'y prendrait plus.

FIN DU PREMIER VOLUME.

TABLE DU PREMIER VOLUME

PARIS, IMP. P. MOUILLOT, 13, QUAI VOLTAIRE.

JULES ROUFF & Cⁱᵉ, ÉDITEURS

Cloître-Saint-Honoré, Paris

PAUL DE KOCK

Un jour, au fond du Vatican, le pape Pie VII, malade et vieilli, s'ennuyait. Rien n'avait pu distraire son austère mélancolie, et des fenêtres de sa chambre il regardait tristement la Ville Éternelle.

Tout à coup, un prélat ne sachant plus quel remède essayer contre l'incurable abattement du Saint-Père, alla dans la bibliothèque familière quérir un volume, et il le tendit au malade.

Le pape eut un tressaillement joyeux, il releva la tête, son visage s'illumina et partant d'un bel éclat de rire : Ah ! Paulo di Kocko ! dit-il en essuyant ses yeux qui larmoyaient de gaîté.

Oui ! l'auteur qui venait de dérider l'auguste malade, c'était PAUL DE KOCK ! le maître de la gaîté française, l'auteur léger, galant, spirituel, dont l'imagination invente les tours les plus

extraordinaires et les drôleries les plus fantasti-
ques ; celui dont les poèmes de rire célèbrent la
vie, l'amour, la table ! Gustave le Mauvais Sujet,
la Pucelle de Belleville, Monsieur Dupont, La
Laitière de Montfermeil, Le Cocu, *autant de*
titres, autant d'éclats de rire.

Tous ceux qu'on a appelés les auteurs gais pro-
cèdent de ces ouvrages. L'esprit de Paul de Kock
lui faisait tourner en comique toutes les fines et
aiguës observations qu'il notait sur la nature
humaine !

Paul de Kock *éta.t l'auteur désigné pour être*
publié en volumes à 25 centimes.

En effet tous ces monuments du rire q e
sont les œuvres de PAUL DE KOCK vont
paraître en magnifiques volumes (10 cen-
timètres sur 16 centimètres) à 25 cen-
times le volume.

Malgré l'extrême modicité du prix de 25 cen-
times, c'est une édition de luxe que nous présen-
tons au public.

Chaque volume est tiré sur beau papier avec
de superbes caractères et contient de nombreuses
illustrations inédites.

Les illustrations de Gustave le Mauvais Sujet
sont dues au crayon de J. Wely, *dont le talent*
s'accorde si bien avec le génie du Maître.

Ce prix de 25 centimes est incroyable pour des
volumes aussi soignés.

Ainsi tous pourront se procurer pour un prix inouï de bon marché les œuvres les plus amusantes, et grâce au format des volumes, pourront, tout en se formant une jolie bibliothèque, emporter avec eux à la promenade, en omnibus, en chemin de fer, les œuvres du maître du rire.

Le premier volume de la collection est Gustave le Mauvais Sujet.

POUR PARAITRE SUCCESSIVEMENT

La Pucelle de Belleville
La Fille aux Trois Jupons
Monsieur Dupont
La Laitière de Montfermeil
Le Cocu
etc. etc. etc.

25 centimes le volume.

UN VOLUME PAR SEMAINE — EN VENTE PARTOUT

PARIS. — Imp. P. MOUILLOT, 13, quai Voltaire.